3倍のパフォーマンスを実現するフロー状態 魔法の集中術

世羅侑未

SOGO HOREI PUBLISHING CO., LTD

はじめに

「あ～だめだ、気が散ってしまう！」
「やばい、もうこんなに時間が経ってる！」
「本当はもっとできるはずなんだよなぁ。集中さえしていれば……」

本書を手に取ってくださった方の多くは、こんな悩みを抱えているのではないでしょうか。私たちの集中には、波があります。時々、自分でも驚くほどの短時間で最高のアウトプットが出るという体験をすることもあります。「いつもこの状態でできたらいいのに」と思うのですが、なかなか同じような集中状態をつくることはできません。もどかしいですよね。

もっとも、あなたが何かをやろうとするとき、気が散ってしまってなかなか集中できないのも無理もありません。現代に生きる私たちは、江戸時代の人たちが1年かけて受け取っていた情報量を、たった1日で受け取っているといわれています。だからといって、現代人の脳が江戸時代の人に比べて情報処理に適した進化をしているわけでもありません。

例えば、あなたのスマートフォンも左の図のように1~2時間でこの程度の通知を受け取っているのではないでしょうか。

仕事のメールやチャット、ＩｎｓｔａｇｒａｍやＦａｃｅｂｏｏｋで目にする友人の近況、テレビやインターネットからの情報。これらの情報は、通知や検索などで触れたその瞬間だけでなく、あとから繰り返し頭の中に浮かびます。友人のＳＮＳの充実したタイムラインを思い出しては、「自分はこんなことをしていていいのだろうか……」と考え出し、また頭の中の情報を増やしていきます。いかに私たちが気が散る環境で生活しているかを実感できるでしょう。

そんな集中しづらい現代のビジネスパーソンに私が提案したいのが**「フロー状態」に入ること**なのです。

フロー状態とは、時間を忘れるほど目の前のことに夢中になって、集中している状態のことです。この状態になると、いつもよりずっとスムーズに仕事が進み、パフォーマンスが格段に向上します。そして何より、最高の充実感を味わうことができます。

ちなみに学術的には、「一つの活動に深く没入しているので他の何ものも問題とならなくなる状態、その経験それ自体が非常に楽しいので、純粋にそれをするということのために多くの時間や労力を費やすような状態」と心理学者でフロー提唱者のミハイ・チクセントミハイによって説明されています。


「そんな状態になったことなんてない！」

「近い経験を昔したけど、それ以来しばらく味わっていないなぁ」

「フロー状態なんて、スポーツ選手や特別な訓練を受けた人しか入れないのでは？」


このような質問をよくいただきます。

私はこれらの質問をいただくと、思わずニコリとして、次のように答えます。


「フロー状態は誰でも入れますよ」

例えば、こんな経験をしたことはありませんか？

- **仲の良い友達と話が盛り上がり、気がついたら3時間も経っていた**
- **大事なプレゼンがあっという間に終わった**
- **普段はなかなか進まない資料作成が、3分の1の時間で終わった**

●会議がうまく進んで、実現できそうなアイデアがいくつも出てきた
●ゲームや小説に熱中していたら、数時間経っていた

いかがでしょうか。あなたにも思い当たる経験があるのではないでしょうか。

これらはどれも、フロー状態で体験する現象の1つです。あまり自覚をできていなかったり、フロー状態をあまりに崇高なものと捉えてしまっていたりするだけで、本当は誰でも日常生活でフロー状態を体験しているのです。

もちろん、フロー状態に入りやすい人とそうでない人はいるでしょう。しかし、最新のフロー研究では、フロー状態に入る力は誰もが鍛えられるとわかってきています。それは、私自身が身をもって体験したことでもあります。心配性で、人目が気になり、一度考え出すと止まらない性格だった私が、フロー状態に入るための工夫を10年間実践し続けた結果、今ではここぞというときに意図してフロー状態に入ることができます。これからの時代、フローを自由に操れる人とそうでない人との違いは、**フロー状態に入るための方法を知っていて、実践しているかどうか**なのです。

本書は、私と同じように「意図的にフロー状態に入ることができたら……」という人の願いを実現していただくために書きました。

1日30分、誰もがフロー状態に入っている！

フロー状態に入ると、次のような効果があります。

- **創造性・課題解決能力が4倍になる**
- **新しいスキルの学習スピードが2倍速になる**
- **痛みや疲労を感じなくなる**
- **モチベーションを高める5つの神経物質が放出される（ノルアドレナリン、ドーパミン、エンドルフィン、アナンダミド、オキシトシン）**

これだけでもメリットを感じていただけると思いますが、「課題解決能力」や「新しいスキルの学習スピード」と言われても、もしかしたらイメージしづらいかもしれませんね。次の図をご覧ください。

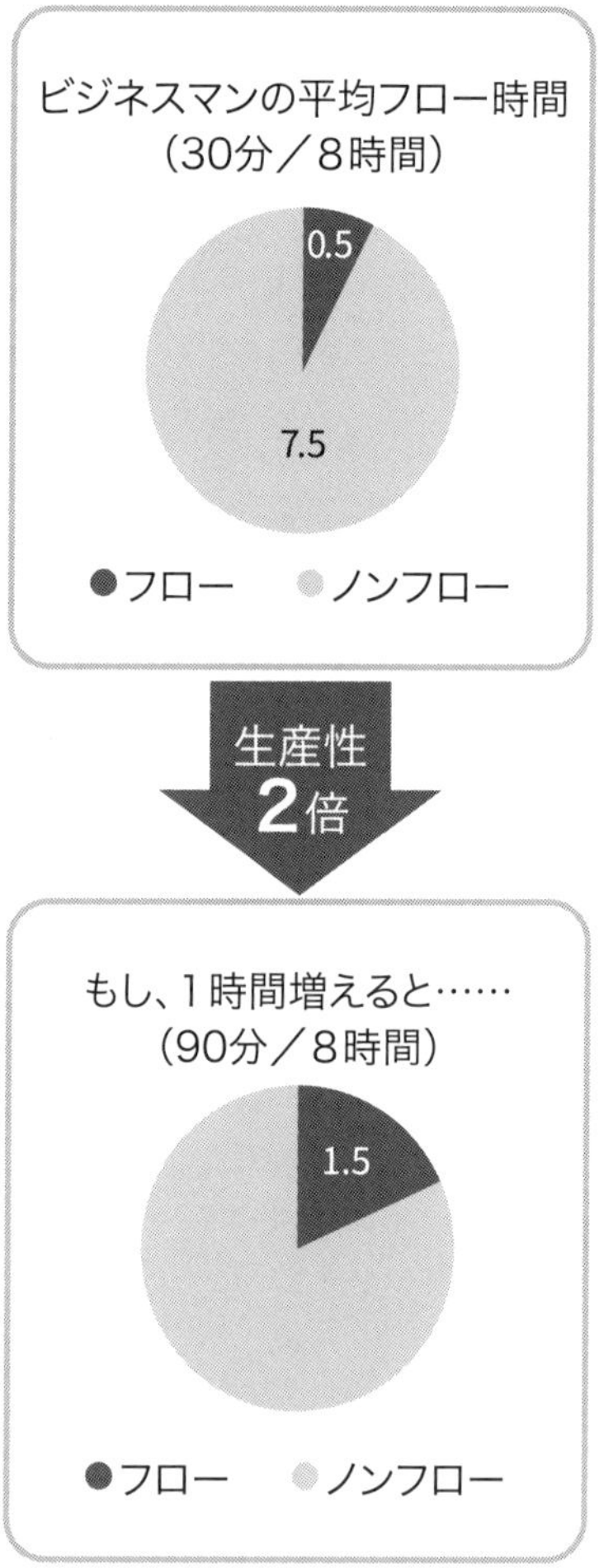

上の円グラフは、平均的なビジネスマンが1日の労働時間（8時間）のうち、どれくらいの時間、フロー状態に入っているかを示しています。実は、**誰もが平均30分はフロー状態に入っている**のです。

フローの実践に力を入れるフロー・ゲノム・プロジェクトのスティーヴン・コト

ラーの研究では、仮にフロー状態に入れる時間が「30分」から「1時間半」に増えたとしたら、**その日の生産性が2倍に上がることがわかった**のです。

つまり、長時間机の前に張りついてがむしゃらにがんばり続けるよりも、作業の前にちょっと時間をとって準備をし、フロー状態に入って一気に仕事をするほうが、心身ともに充実したパフォーマンスを発揮できるのです。

ポイントは、目の前のことにどれだけ注意を集められるか

それでは、どうすればフロー状態に入ることができるのでしょうか。

ちょっとした問題を出しますね。

126

この数字、一体なんだと思いますか？

これは、**人が1秒間に意識することができる情報量**を表しています。単位は「ビット」です。

この126ビットとは、どの程度の情報量なのでしょうか。

対面で人の話を聞いている場面を想像してみてください。

1人の人の話を理解しようとしているとき、人は126ビットの情報量のうち、だいたい60ビットを使っています。単純に計算をすれば2人の話が同時に聞けそうですが、多くの場合そうはいきません。話を聞きながら、「なんでこの人は、今この話をしているんだろう?」「早く話し終わらないかな」など、ついつい考えごとをしてしまいます。こうした考えごとを合わせると、126ビットの情報容量のうち3分の2が埋まってしまいます。

さらに、私たちは相手の服装や周りにある机や壁の色・デザインなど、視覚からも情報を得ています。こうした視覚的情報が加わることで、126ビットは簡単に使い果たされてしまうのです。

このように人が1秒間に処理できる情報量はわずかなものです。126ビットの情報にしか注ぐことのできない注意が、不意に湧いてくる雑念によって無関係なことに向き、分散してしまうと、「ノンフロー＝フローではない状態」になってしまいます。

裏を返せば、**自分の注意をできる限り目の前の一点に集めて維持することができれば、ノンフローの状態を脱し、深いフロー状態に入ることができる**のです。

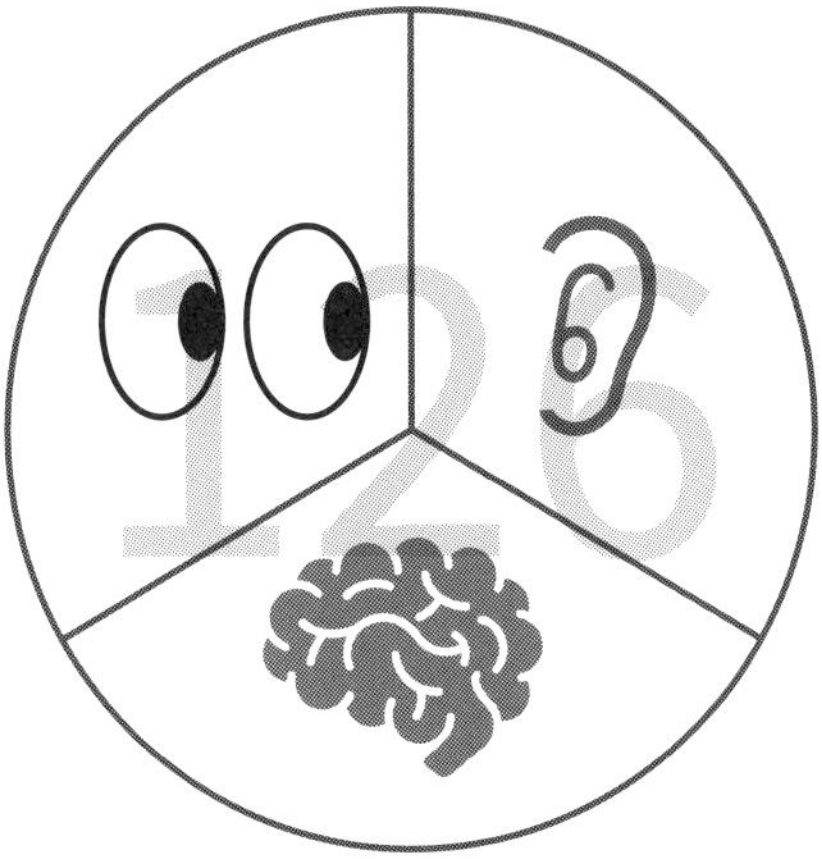

フロー状態に入ると多くの人が「深い今」というものを経験します。時間がゆっくり進み、永遠に止まったような感覚です。実はこのとき、私たちの脳の中で、意識から無意識へとスイッチが切り替わっています。すると、**意識で処理することのできていた126ビットという情報量が、なんと無意識下では数十億ビットにも広がる**ので

す。1秒間に得られる情報量が何千万倍にも増えるため、いつもとは違う「深い今」を体験している感覚になるのです。聖徳太子が10人の話を同時に聴けたのも、きっとフロー状態に入って無意識の力が働いていたからでしょう。

みなさんの情報処理能力を、何千倍にも広げてくれるフロー状態。せっかく同じ時間働くなら、せっかく同じ時間生きるなら、その一瞬一瞬に、自分の持てる最大限を出したくないですか？　そのための魔法があるなら、知りたくないですか？

本書では、そんな願いを持つ誰もが実践することのできる魔法をお教えします。必要なのは天性の才能でも、根性でもありません。フロー状態に入るための正しい「準備」です。それを知ってさえいれば、あなたがこれまでに一度は体験したことのある「火事場の馬鹿力」を、もう火事を待たずに発揮できるのです。

私はＧｏｏｇｌｅとモルガン・スタンレーで人材開発・リーダーシップ開発を担当してきたピョートル・フェリクス・グジバチが代表を務めるプロノイア・グループ株式会社でコンサルタントとして働きながら、慶應義塾大学の研究員として「フロー状態」の実践の研究をしています。研究でわかったことを元に、ワークショップや講演、コンサルを通じてフロー状態の入り方、効用をお伝えしています。

「もっと夢中になって働きたい」
「もっと最高の成果を出したい」
「集中して仕事を終わらせて、もっと自分の自由な時間をつくりたい」

同僚や友人、仕事で出会う大好きな人たちのこうしたピュアな願いに応えたい。そんな思いで筆を執りました。

1人でも多くの人が、意図的にフロー状態に入り、最小の時間で最大限の成果、そして何より夢中になれる楽しさを実感できるようになれば、著者として幸いです。

世羅侑未

魔法の集中術・もくじ

第1章 パフォーマンスを劇的に上げるフローの力

第2章 フローへのステップ① つよい意図をもつ

第3章 フローへのステップ② フローを引き寄せるリラックス

第4章 フローへのステップ③ 手順をイメージする

第5章 フローへのステップ④ フィードバック体制をつくる

第6章 フローへのステップ⑤ ちょっとした混乱を仕掛ける

第7章 フロー状態に入る「魔法の集中術」の使い方

装丁　三森健太（JUNGLE）
本文デザイン・イラスト　和全（Studio Wazen）
校正　池田研一

第1章
パフォーマンスを劇的に上げるフローの力

フロー状態がパフォーマンスを劇的に向上する

フロー状態に入ると、次のような効果があるとお伝えしました。

- **創造性・課題解決能力が4倍になる**
- **新しいスキルの学習スピードが2倍速になる**
- **痛みや疲労を感じなくなる**
- **モチベーションを高める5つの神経物質が放出される（ノルアドレナリン、ドーパミン、エンドルフィン、アナンダミド、オキシトシン）**

このようにパフォーマンスを向上させるフロー状態ですが、急成長を遂げる企業、絶対に失敗が許されない政府の特殊組織、そしてさまざまな研究機関から注目を集めています。

マッキンゼーは、フローについて10年間にわたる調査を実施しました。その結果、**経営者がフロー状態に入ると、生産性が最高で5倍向上する**とわかったそうです。

ハーバード大学メディカルスクールの精神科医であるネッド・ハロウェルは、「フロー状態になると、通常であれば届かないレベルに、突如として無理なく届くようになります」と言います。

トヨタ自動車やマイクロソフト、パタゴニア、エリクソンといった企業もフローを企業文化や自社の戦略に取り入れています。また、フォーチュン500に選出されるような企業の最高経営責任者（ＣＥＯ）の中には、企業理念の要素としてフローを取り入れている経営者もいます。

フロー状態に入ると、仕事への満足感が高まるという効果もあります。ＣＮＮは2

012年に次のように報じています。

「ビジネス界についての10年にわたる研究では、満足感はほぼあらゆるビジネスや教育の成果を高めることが証明された。売上は37パーセント増加し、生産性は31パーセント、仕事の精度は19パーセント向上する。さらに、健康面や生活の質の面での改善点も数え切れないほどある」

このようにさまざまな面から注目を集めるフローですが、本章ではまず、フロー状態に入っている人として多くの読者にとってイメージしやすい「スポーツ選手」を例に、フロー状態に入るには何が必要なのかを考えてみたいと思います。

なぜ一流スポーツ選手は結果を残せるのか？

「日常的にフロー状態に入れている人」「集中力がある人」と聞いたときにスポーツ選手を思い浮かべる方も多いのではないでしょうか。

多くのスポーツは一瞬の判断や動きで勝敗が決まりますし、時には集中力の乱れが大ケガや命の危機に繋がることもあります。

それでは、一流と呼ばれるスポーツ選手たちは、そうではない人と比べて何が違うのでしょうか。

ヒントはパフォーマンス前の「準備」

スポーツ心理学の権威であるジム・レーヤーは「トップ選手は、1つのプレーを終

テニスの試合時間の内訳

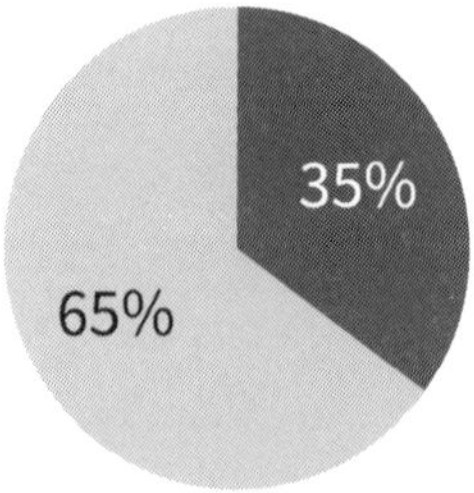

●プレー時間
実際にボールを打ち、コートを走っている時間

●プレー以外の時間
ガットの歪みを直したり、コートを歩いたりするルーティンに費やす時間

えたあと、巧みに集中力を高めている」と指摘しています。

例えばテニスでは、選手が実際にボールを打ち、走ってプレーしているのは1試合の時間のうち、たった35パーセントしかありません。

残りの65パーセントは何をしているのかというと、選手たちはガットの歪みを直したり、コートを歩いたりするなど、**最大限のパフォーマンスを発揮するための心の準備、体の準備に充てている**のです。

つまり、実際にプレーする時間の2倍近くの時間を、準備に費やしているのです。これを「**ルーティン**」と呼ぶ人もいます。レーヤーによると、この65パーセントの時間でいかに心身の状態を万全なものにするかが、一流のテニス選手とそうでない選手の分かれ目なのだといいます。

男子４００メートルハードルの日本記録保持者である為末大《ためすえだい》さんは、２０１９年１月９日に自身のブログにて「私のパフォーマンス理論 vol.1－練習時間について－」というタイトルで次のように過去の練習時間の推移を振り返っています。

「小学生－週２日／１日90分
中学生－週５日／１日２時間
高校－週５、６日／１日２－３時間
大学－週５日／１日３－４時間
22－26才－週５、６日／１日５－６時間
27才以降－週５日／１日２－３時間」

22－26才までは１日に5～6時間とかなり長時間の練習を続けられていた為末さんですが、「色々やってみて、１日２時間あればほとんどの練習効果は得られるという

結論に至った」そうです。その理由は、「体よりも心の方が消耗品かつ直しにくく、致命傷になる」と気がついたから。

ここに、スポーツに限らずこれから仕事で良いパフォーマンスを出していきたいと考えている人にも通じる、大切なメッセージがあります。あなたが仕事に熱心であればあるほど、**1つひとつの作業に長く時間をかけることより、最高の状態で作業を始めることにこだわってください**。それはすなわち、作業そのものよりも作業前の「準備」にしっかりと時間を使うということです。

一流のテニス選手は、試合中にプレー時間の2倍近くの時間をかけて準備をしています。みなさんの場合は勤務時間が8時間であれば、5時間を自分のコンディションを最高の状態にするための準備に使ったとしても、そのお陰で3時間フロー状態に入ることができれば、結果的にその日の生産性は3倍以上に跳ね上がるのです。

「1つの作業に長く時間をかけること＝一生懸命に働いている」という考え方をなんとなくお持ちの方がいらっしゃったら、その前提を一度手放してみてください。まずは大胆に作業の時間を減らす勇気を持って、本書を読み進めていただけたら幸いです。

スポーツ選手が実践している「準備」とは

それでは、パフォーマンス前の大切な準備の時間に、スポーツ選手はいったい何をしているのでしょうか？

多くのスポーツ選手が、練習や試合の前に自分の最高の状態を想像するイメージトレーニングをします。このイメージトレーニングの中で、**自身が過去にフロー状態に入ったときに感じた呼吸の深さ、体の各部位のコンディション、力の入り具合、姿勢、メンタルの状態など、さまざまな要素を思い出し、そのときの体の状態を忠実に再現しています。**

為末さんは、最高のパフォーマンスを出し続けるために大切なことを「偶然出る会心の動きをあとから手繰り寄せて、再現性を持たせようとすること」と語っています。この「偶然出る会心の動き」というのがまさにフロー状態で体験した心身の感覚のことです。その記憶を「手繰り寄せて」何度もイメージトレーニングをすることで、またフロー状態に入ることができるのです。

マラソンなら長距離を走り切るためのランニングフォーム、野球ならホームランやヒットを打つための最適なバッティングフォーム、テニスならボールに最大限の力や回転をのせて強いショットを打つためのストロークのフォームがありますよね。正しいフォームを覚えることで、スポーツは上達していきます。

これと同じように、**フロー状態に上手に入るためにも、そのための最適な心身のフォーム＝「フローフォーム」があるのです**。フローフォームとは毎秒126ビットの情報処理能力を決して散らさず、すべての注意を目の前の作業に集めるのに最適なフォームのことです。このフローフォームを知り、イメージを重ねることで、フロー状態を意図的に操れるようになれるのです。

自分の「フローフォーム」を知る

自分の「フローフォーム」は、どのように知ることができるのでしょうか？「注意を一点に集めるのに適した心身の状態」というなんとも捉えがたいこのフォームは、他のスポーツのようにプロのフォームを雑誌で見たり、コーチに教えてもらったりすることができません。

その代わり、自分自身をいつもよりちょっと注意深く観察してみることで答えは見えてきます。

フロー体験がいつ起きているのかを自覚する

フローフォームを知るためには、まず**自分のフロー体験がいつ起こっているかを自**

覚する必要があります。

冒頭で、誰でも1日の仕事中に平均で30分はフロー状態に入っていることを紹介しました。この30分が、自分がいったい何をしているときに起きているのか、今日からちょっと注意して自分自身を観察してみてください。

例えばこんなとき、あなたはフロー体験をしていた可能性があります。

- **全く気が乗らない案件の企画書は何時間向き合っても進まないのに、大好きな案件では1時間足らずで渾身の企画書が出来上がった**
- **経費精算のような一見面倒くさいように思う仕事でも、大量にあったはずの領収書の山が気がつくとなくなっていた**
- **話がもつか不安だった15分間のプレゼンテーションが、あっという間に終わった**

またフロー体験を振り返る上で、「時間の感覚」は重要なヒントになります。

フロー提唱者であるミハイ・チクセントミハイは、フロー状態に入ると時間に対する認識が変化するとし、著書『フロー体験 喜びの現象学』（世界思想社）の中で次のように説明しています（最適経験とは、フロー状態のことです）。

「最適経験について最も多く述べられることの一つは、時間が普通とは異なる速さで進むということである。夜とか昼とかいうような、自分の外側のことがらについて我々が測る客観的で形式的な持続時間、つまり通常の時計の進行は、その活動によって指示されるリズムによって異なるものに変換される」

ですから、「気づいたら3時間も経っていた！」「時間が止まったように感じた」「時間を忘れて没頭した」というような体験は、フロー状態のサインです。そういうことがいつ起きているかにいつもより少しだけ敏感になってみてください。

もしも、「まだ自分のフロー体験がピンとこないぞ……」という方は、**逆にフロー状態ではない「ノンフロー状態」を振り返ってみてもいいでしょう**。

大事な締め切りが近いのに、全然集中できなかったり、仕事の合間にＳＮＳばかり見てしまったり。仕事がなかなか終わらず、「家に早く帰りたいな」と気が散っているようなときはまさに「ノンフロー状態」ですよね。

どちらから振り返ったとしても、自分の心身のパフォーマンスに起きている波を注意深く把握していくことで、フロー状態がいったいどういうものかを自分の体験を通して知っていくことができます。

フロー体験をしているときの心や体の感覚を言葉にする

フロー体験を自覚したら、そのときに自分の心身がどんな感覚を味わっていたかを思い出してみてください。このとき、言葉にすることが一番オススメです。

私自身のフロー体験を言葉にすると、「肩の力が完全に抜けていて、頭は固定されて動かなくなり、瞬きがなくなるほどどこか一点をひたすら見つめ続けている感じ」です。

研究を通じてさまざまな方のフロー体験をインタビューした際には、人によって次のように実に多様な表現で語られていました。

「呼吸ですね。フロー状態のときは呼吸がとにかく深くて、逆にノンフロー状態のときはとても浅い」

「僕の場合、フロー状態に入ると心臓の音が聞こえるんです。ドクドクって」

「ブラックホールみたいに、スーッと吸い込まれていくような何かを感じる」

「周りから要らない景色がなくなったような気がします」

「物事を落ち着いて見られるかな」

「顔がにこにこしてるんですよね」

「真空状態にカーッとなるときがあるんですよ。真空状態になったときにそこにあるのは音だけなんですよね。時間も空間も、何もないんですよ」

呼吸、心臓の音、スーッ、にこにこ、真空状態……人によって全然違う感覚の表現ですよね。**自分にとってしっくりくる言葉を見つけることができれば、その言葉を思い浮かべることで、心身の記憶を呼び起こせるようになります**。これが、フロー状態を再現する、ということです。

さて、一流のスポーツ選手の場合はたったこれだけで、フロー状態を再現できてしまうことがあります。野球ではヒットを打つためのバッティングフォームをしっかりと身につければ打率が上がるように、フロー状態に入るための心身のフォームを身につければ、フロー状態の再現性が高まるのです。

ということで、みなさん、自分の「フローフォーム」を覚えて、がんばってフロー状態を再現してくださいね！　さようなら！

……と書いてしまうと、この本の意味がなくなってしまいます（笑）。

自分自身の心身のフォームを掴むのは簡単ではありません。

一流のスポーツ選手のようにプロフェッショナルではない私たちにとっては、そのフォームを正確に捉えることはとても難易度の高いことです。

本書では、誰もが自分にとってのフローフォームを知り、整えることができるよう、具体的なステップを5つ用意しました。いよいよそのステップについてお伝えしていくために、「フロー状態の脳の中で起こっていること」について、みなさんに知っておいていただきたいと思います。

フロー状態に入っているとき、脳では何が起きているのか？

フロー状態に入っているときとそうではない状態のとき、私たちの脳では何が起きているのでしょうか。

ここでは「脳波」という言葉を用いて説明したいと思います。

脳は刺激を受けたり、考え事をしたりしているときに電気的反応を示します。その際、電気的反応が集中して起こると、波が生じます。これが「脳波」です。この脳波を測定することで、意思決定に繋がる脳内の反応を観測することができます。

本書は脳科学や医学の専門書ではありませんので、便宜上「脳波」のことを「脳の状態」と考えていただければ問題ありません。

5つの脳波

脳波	振動数(Hz)	状態	機能
ガンマ波	30以上	興奮している状態	閃く
ベータ波	13〜30	少し緊張し、普通の思考状態	分析する
アルファ波	7〜13	リラックスし、何かに没頭している状態	落ち着く
シータ波	4〜7	夢を見ている状態	刺激を処理する
デルタ波	4以下	夢を見ない、深い睡眠状態	寝る

私たちの脳では、5種類の脳波を入れ替えながら情報（外界の刺激）を処理しています。その時々の状態によって観測される脳波が異なるのです。

例えば、興奮しているときはガンマ波が多く出て、リラックスしているときはアルファ波が出ています。

これらの脳波は常に一定の波が出ているわけではなく、移り変わっていきます。

ノンフロー状態ではなかなか落ち着けない

人の感情や状態と密接に関わる脳波ですが、フロー状態とそうではない状態のときでは出てくる順番が異なります。

意思決定時の脳波の推移

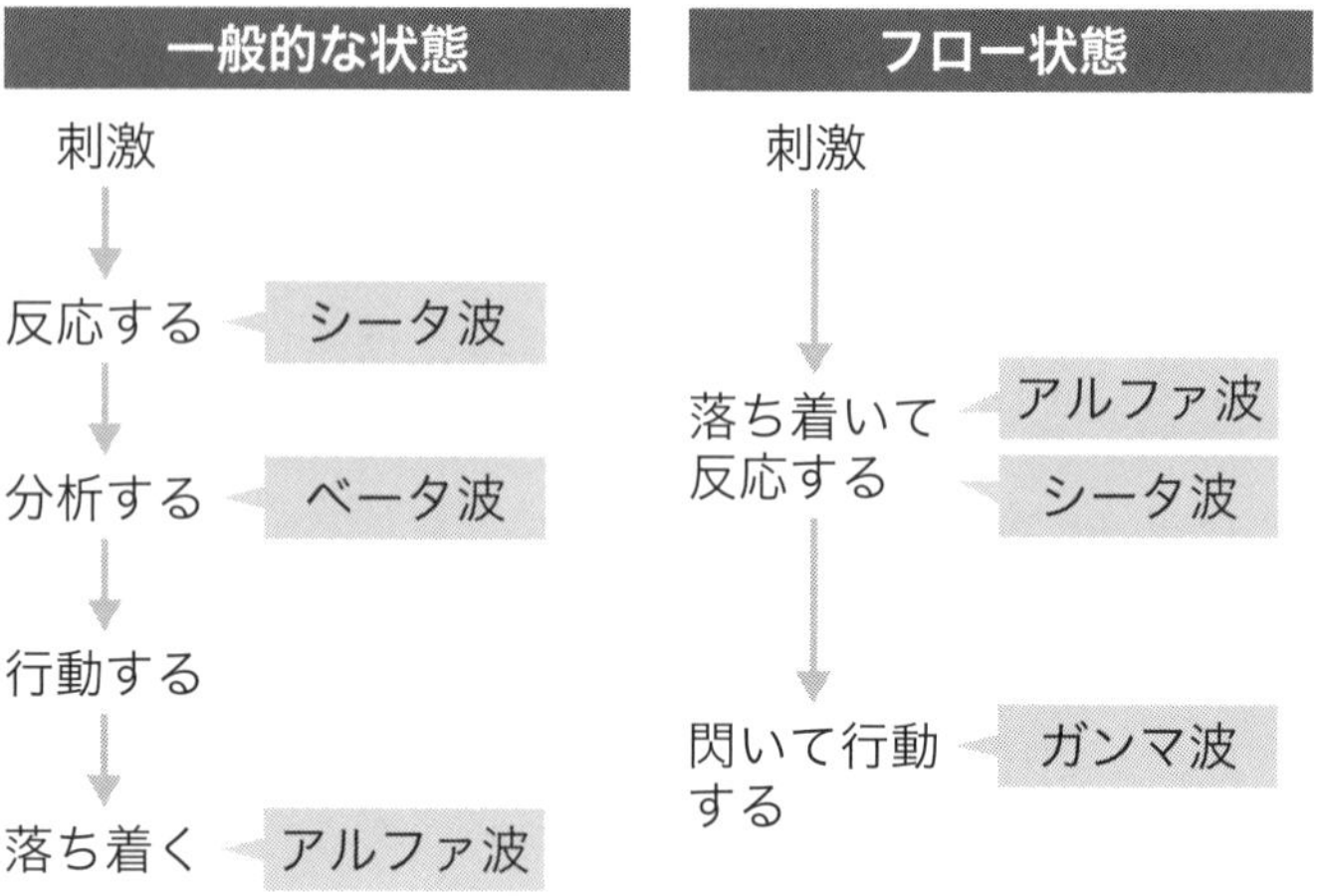

上の図は、一般的な状態とフロー状態のときの意思決定時の脳波の推移を比較したものです。

一般的な意思決定では外からもたらされる刺激に対して、感性や感情が自然と反応します。

例えば、仕事で急に大量の作業を任されてしまったとき、瞬間的に心臓の動きが速まり、それに伴って自分の動作も速まったり、情熱が湧いてきたり、逆にずどーんとダメージを受けたりとさまざまな反応を示します。**こうした反応は、脳がシータ波によって、瞬時の刺激を処理しようとしている際に生じます。**

次に生まれるのが、ベータ波です。

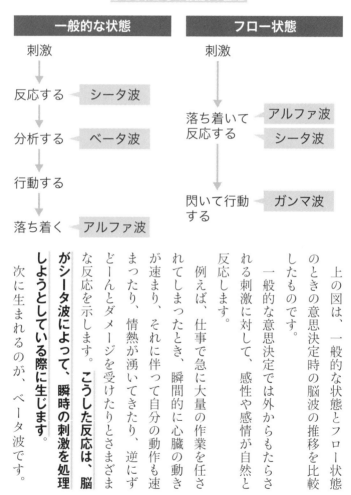

ベータ波が出ているときは、今起こっていることに対して分析し、論理的に対策を考えます。「理性的に判断している」と言ってもいいでしょう。

先の例では、急に大量の作業を任され、心臓の動きが速まったのを察知して「これは大変なことだ」と思考が始まります。そして「なんとかしなきゃ！　田中さんにまずメールして、それから佐藤課長に過去の資料を見せてもらって、それから、それから……」といった具合にやるべきことを分析します。このように分析から行動まで建設的に導き出せるときは調子がいいですが、「なんであの人は急に仕事をふってくるんだ！　だいたいあの人の仕事の管理がなってないからこんなことに……あの人は最低だ」などと分析や思考があらゆる方向に飛んで延々と続いていくとき、脳波はベータ波の状態に長い間留まってしまいます。

そうした状況の中で分析が終わり、「よし、これが答えだ」と道筋が立つと、実際の行動に移ります。行動が始まるとようやくベータ波が静まり、**落ち着きのアルファ波**が生まれます。

途中で問題が起きたり、慎重に考えながら進めたりしているときには、またベータ波が顔を出しますが、無事に終わると、それまでの緊張や思考・分析から解放され、落ち着くことができます。この落ち着きが、アルファ波の特徴です。

一般的な意思決定時には、刺激を受け取ってから落ち着きを得ることができるまでに、このようなプロセスをたどります。

「集中力があって高いパフォーマンスを発揮する人」というのは、この意思決定プロセスにおいて1つずつの脳波の転換をスムーズにできる人と長い間考えられていました。テンポよく次の脳波へ移っていくことができる人です。

しかし、フロー研究が進んでいくと同時に、**極めて高いパフォーマンスを出せる人は、一般的な意思決定とは全く違うプロセスをたどっている**ことがわかってきたのです。それに伴い、生じる脳波の順序や種類も異なっています。

それでは、フロー状態ではどのように脳波が推移するのでしょう。

閃きが生まれるフロー状態

フロー状態の意思決定では、刺激を受けるとアルファ波とシータ波が同時に出て、そこから動きません。

行動が決まってようやく落ち着くのではなく、刺激があった時点で最初から落ち着いていられます。

急な作業の依頼で、たとえ心臓の動きは多少速まったとしても、それに続いてすぐに「大変だ！　どうしよう！」と思考が焦りを助長したり、「え〜っと、田中さんと佐藤課長とそれから、それから……」とベータ波で分析を繰り返したりはしません。受けた刺激に対する自分の自然な反応に、ただただ落ち着いて身を任せている状態なのです。

思考や分析が生まれないのだとしたら、一体どうやって意思決定や行動までたどり着くのでしょうか。

秘密は、アルファ波とシータ波が同時に出ているときにのみ生じる、ガンマ波にあります。

ガンマ波は、閃きを司る脳波です。新しいアイデアが「ふってきた」というようなとき、これはガンマ波が働いているときです。

つまり、フロー状態に入っている場合の意思決定は、通常の意思決定時とは全く違ったプロセスをたどり、**分析によって行動を導き出す代わりに、直感によって行動を決めることができる**のです。

このとき、脳は直感によって言葉を介さず直接体に指令を送ることがあるため、「何も考えずにできちゃった」「気づいたら体が勝手に動いていた」というような感覚を味わうのです。

この人間の脳が持ち合わせている2つの意思決定メカニズムを研究者は「分析的システム」と「自律的システム」、「明示的システム」と「暗示的システム」、もっと身近な言葉では「理性」と「感性」などさまざまな呼び方をしています。

前者はプロセスを言葉で表すことができ、意識と結びついているのに対し、後者は言葉を介さない無意識と結びついています。

これで、フロー状態においてなぜ圧倒的にパフォーマンスが高まるかということについてその理由をご理解いただけたでしょうか。

フロー・ゲノム・プロジェクトのスティーヴン・コトラーは、**フローに入ることは、自分のもてる潜在能力をフルに活かして最も質の高い答えを導き出す「最強の意思決定戦略」**であると言います。シリコンバレーの成長企業や、失敗が許されないアメリカ軍の特殊部隊などが積極的にフローのトレーニングを導入する理由は、ここにあるのです。

「つよい意図」と「ちょっとした混乱」を組み合わせる

最強の意思決定を導き出すフロー状態をつくるために、本書でお伝えする方法は、これまで多くの書籍で語られてきたものとは異なります。脳波との関わりという観点から、一番特徴となるメソッドのお話をさせてください。

それは**「つよい意図」と「ちょっとした混乱」を組み合わせる**というメソッドです。

「つよい意図」とは、これから取り組もうとしている作業を行うことで実現したいと思っている「もっともピュアな願い」のことです。意図が、目の前のことに注意を注

フロー状態に必要な二大要素

つよい **意図** × ちょっとした **混乱**

ぐ原動力になるため、フロー研究の第一人者のミハイ・チクセントミハイをはじめ、多くの研究者がフローフォームを形づくる第一要素として言及しています。

ただし、つよい意図だけでは足りません。

そこで必要なのが「ちょっとした混乱」なのです。

「え？　集中するのに混乱が必要ってどういうこと？」と思われるかもしれません。ここが、一般的な集中状態とフロー状態のつくり方の違いです。

混乱とは、「あなたに対してチャレンジしてくる刺激」のことです。意図した方向へ突き進もうとするあなたの調子を、あえて崩そうとするちょうどよい刺激こそが、フロー状態を加速させる大事な要素なのです。混乱には3種類あり、思考への混乱、感情への混乱、身体への混乱を状況に合わせて自ら仕掛けていきます。

意図と混乱が重要な理由は、**フロー状態に必要な2つの脳波（アルファ波とシータ波）を引き出してくれるからです。**

意図を明確にもつことが、安定したアルファ波を生じさせます。「フロー状態では、刺激があったときにも落ち着いている」とお伝えしました。作業の最中にどんなことがあっても、「何を真に願ってこの作業をしているのか」が自分でしっかりとわかっているとき、心は安定した落ち着きを得ることができます。

アルファ波と同時にもう1つ必要な脳波が、シータ波でした。落ち着いた状態の中で、シータ波が外からの刺激に反応して処理をしようとする力が、閃きを生み出します。シータ波の動きを活発にするためには、スイスイと処理できてしまう平凡な刺激ではなく、「ちょっと自分を混乱させるような刺激」が必要なのです。

ということで、まずは、**フローフォームをつくるには「意図と混乱が必要」**と覚えてください。

フロー状態に入るための5ステップ

いよいよ次章からフロー状態に入るための方法をステップごとに1章ずつ使って、解説していきます。

ステップは全部で5つあります。フローフォームをつくる意図（ステップ①）と混乱（ステップ⑤）に加え、②〜④のステップは、フローフォームを阻害する3つの要因を取り除くために必要な準備です。これらの準備が同時にできないと、せっかくつくったフローフォームも簡単に崩されてしまいます。5つのステップすべてを大切に取り組んでください。

それぞれの概要を見てみましょう。

フロー状態に入るための５ステップ

ステップ❶(P.57〜)

つよい意図をもつ

ステップ❷(P.81〜)

リラックスをする

ステップ❸(P.99〜)

手順をイメージする

ステップ❹(P.113〜)

フィードバック体制をつくる

ステップ❺(P.129〜)

ちょっとした混乱を仕掛ける

- ステップ❶、❺…フローフォームをつくる
- ステップ❷〜❹…フローフォームを阻害する３つの要因を取り除く

ステップ❶　つよい意図をもつ

目の前の作業を行うことで実現したい「意図」を、作業に取りかかる前に明確にします。一時の感情が反射的に生み出してしまう「なんちゃって意図」との違いを見分け、「もっともピュアな意図」の存在に気づきます。意図のつよさが、注意を一点に集める原動力になります。

ステップ❷　リラックスをする

意図によって一点に集めた注意を阻害してしまう要因が3つあります。そのうちの1つが、緊張です。体のどこかに緊張があると、注意はそこへ向いてしまいます。余計な力をすべて抜くための自分だけのリラックス方法を見つけて実践しましょう。

ステップ❸　手順をイメージする

注意を阻害する2つ目の要因は、作業の途中に手順で迷うことです。作業の内容に100パーセントの注意を留めるには、作業に取り組む前に、手順を明確にイメージしておくことです。小さい頃に塗り絵をしたとき、先に縁取りをすることで心置きなく色鉛筆を動かせたように、先に手順をイメージし作業の縁取りをすることで、迷いがなくなり、心置きなく内容に集中し続けられるのです。

ステップ❹　フィードバック体制をつくる

注意を阻害する3つ目の要因は、作業の途中に「うまくできているのか?」と迷うことです。うまくできていないこと自体は問題ではなく、いいのか悪いのか判断がつかずに迷うことが注意を分散させます。そうならないために、作業がうまく進んでいるのかどうかをすぐに見極めることのできるフィードバックの体制をあらかじめつくります。

判断を明確にしてくれるフィードバックには3つの種類があり、これらを作業の最中にタイムリーに受け取れる体制をつくることで、注意の分散は防ぐことができます。

ステップ❺　ちょっとした混乱を仕掛ける

あらゆる刺激を処理しようとする脳のシータ波を突き動かし、閃きが生まれやすい状態になるために、あえて「ちょっとした混乱」を自分に仕掛けます。混乱にはさまざまな種類があるので、その時々の自分の状況に応じて使い分けることが重要です。

さらに、第7章では、これらのステップを用いてフロー状態に入ろうとする際の注意点やフロー状態の負の側面、個人のフロー状態を生み出しやすくする組織の在り方についても解説しました。

さて、せっかくですので本書を読み進める前に、ほんの3分間だけ立ち止まってください。5つのステップを最もシンプルなかたちで実践してみていただきたいのです。

あなたはこれから、この本を読むことを通じて何を得たいですか？　それはどんな風に大切ですか？　自分の心に聞いてみてください。それができたら、顔、肩の力を抜いて、深い呼吸を3回してください。また、2時間で読む、章ごとに読んで実践するなど、本書の読み方を決めてみましょう。最後に、今頭の中にいろいろな思考が生まれている人は、なるべく1人になれる場所、反対に頭がボーッとしてあまり働いていないと感じる人は、やや賑やかな場所に行くか、明るい音楽をかけてみてください。

準備が整いましたか。それではさっそく、本書を読み進めてみてください。

第2章

フローへのステップ①
つよい意図をもつ

「つよい意図」とは もっともピュアな願いのこと

どんな作業にも意図をもつことができる

フロー状態に入るための最初のステップは、「つよい意図」をもつことです。

「意図」とは、何のことでしょうか。

例えば今、あなたはなぜこの本を手にとって読んでいるのでしょうか?

今この瞬間、あなたの貴重な126ビットの注意をこの本に注ごうとしている背景には、きっと、何かこの本を読むことで叶えたいピュアな願いがあるのではないかと思うのです。私は、このように今目の前の作業を通して実現に一歩でも近づきたい

「もっともピュアな願い」のことをつよい意図と呼んでいます。

今の質問を通して、この本を手に取った意図をすぐに見つけられた人もいれば、そうでない人もいらっしゃると思います。

自分がこれから向き合う作業における意図を見つけることは、簡単ではありません。特に、日常生活の中には自分から進んで行う作業だけでなく、人から与えられた作業、状況が生み出したどうしてもやらなくてはいけない作業など、もともと望んでいない作業も多くあります。でも、安心してください。**どんな作業にも、意図をもつことはできます**。

これまでのほとんどのフロー研究は、最初から自らが望んで行い、好きな作業の先にのみフロー状態に入ることができるという前提に立って行われてきました。それに対し、私が慶應義塾大学のSDM研究科で行ったフロー研究は、「自分が望んでいない、好きではない作業に対してもフロー状態に入ることができる」という前提で進めました。実験では、計算があまり好きではない被験者に、フローフォームを促すよう設計したエクササイズを行った後、２桁の足し算課題を行ってもらいました。その結果、好きではない課題においてもフロー状態に近づけるということが実証できたのです。

意図をもつ、ということに始まる５つのステップは、あなたが日常生活の中で行うどんな課題においても通用するので、安心して１つずつ準備を進めてください。

「つよい意図」と「なんちゃって意図」を見分ける

意図をもつための方法をお伝えするにあたって、はじめに、私が「つよい意図」という表現や、それを言い換えて「もっともピュアな願い」と説明している理由をお伝えします。

「つよい」「もっともピュアな」と強調するのは、私たちが自分の意図を探そうとしたときに、**一見「これが意図だ！」と思えるものでも、実はそれは本当の意図ではなく、「なんちゃって意図」であることが多くある**からです。なんちゃって意図の力はとても弱く不安定で、あなたの注意を目の前の一点に注ぐ原動力として持続性に欠けるのです。

例えば、あなたは数分後に大切なクライアントとのミーティングを控えているとします。

ミーティングに向かう前に、ちょっとしたコミュニケーションの不一致から、同僚と言い争いになってしまいました。そのせいで、ミーティング前に終わらせたかった仕事が全然進みませんでした。

こういうとき、ちょっとイライラしますよね。

仕事が終わらなかったことにイライラしたままミーティングに行けば、「とにかく早くミーティングを終わらせて、終わらなかった自分の仕事に使う時間を確保することがこのミーティングの意図だ」と思ってしまうことがあります。また、言い争いをした同僚がもしミーティングの場にいれば、「あの人をなんとしても論破してやる」ということが意図に思えることもありますよね。

でも、これらは本当にあなたの意図なのか、それとも直前の出来事に反応しただけの感情なのか。後から冷静になったとき、もう一度今回のミーティングで自分が何を願っていたかを振り返ったら、「本当は、自分がとても大切にしているクライアントの課題を解決するためのアイデアを導き出したかった」というピュアな願いがじわりと込み上げてきた、ということがあるかもしれません。

力まず、温かい体温とともにじわりと湧き上がる、自分の中のもっともピュアな願いこそがつよい意図です。一時の感情により湧き上がってきたなんちゃって意図は、フローフォームをつくる鍵を握ったつよい意図よりも瞬間的に存在感を増し、自分の注意を一気にそちらの方向へ連れていってしまうことがあります。だからこそ、私たちはこの2つをはっきりと見分ける方法を心得ておく必要があります。

「つよい意図」を見つける方法

「その意図の奥にある意図はなんですか？」

この質問は、私が所属する会社、プロノイアグループの社内外のミーティングでよく交わされる問いです。少し変わったこの問いこそ、相手の（自分の）一番ピュアな、つよい意図を見つけるために欠かせない観点なのです。

つよい意図はいつも心の中心にあるものです。次の図のように、そのまわりにはその時々の出来事によって生まれ、移り変わるさまざまな感情が存在しています。

感情の一覧

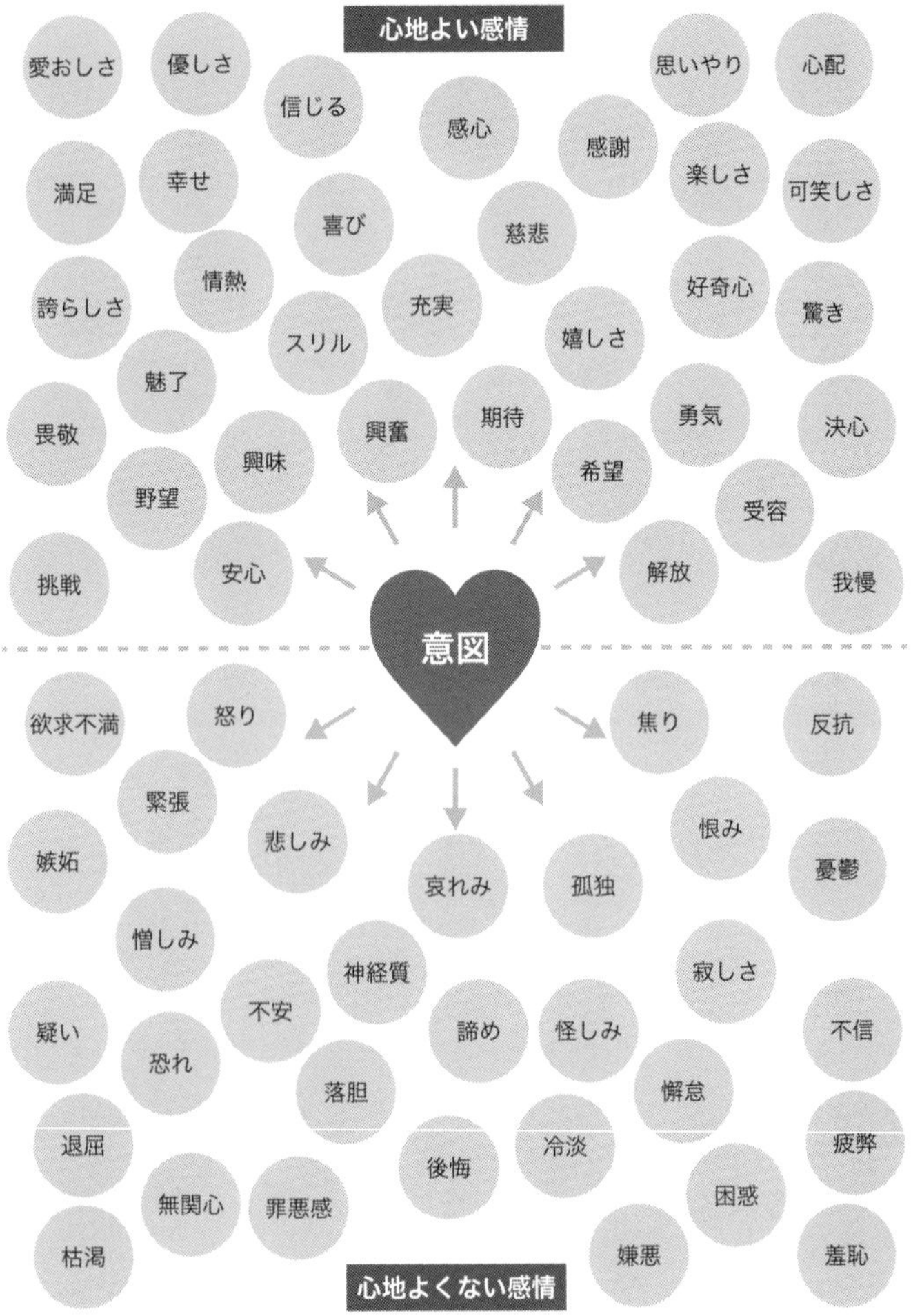
心地よい感情
愛おしさ
優しさ
信じる
感心
感謝
思いやり
心配
満足
幸せ
喜び
慈悲
楽しさ
可笑しさ
誇らしさ
情熱
充実
スリル
嬉しさ
好奇心
驚き
魅了
畏敬
興奮
期待
勇気
決心
興味
野望
希望
受容
挑戦
安心
解放
我慢
意図
欲求不満
怒り
焦り
反抗
緊張
悲しみ
恨み
嫉妬
哀れみ
孤独
憂鬱
憎しみ
神経質
寂しさ
疑い
不安
諦め
怪しみ
不信
恐れ
落胆
懈怠
退屈
後悔
冷淡
疲弊
無関心
罪悪感
困惑
枯渇
嫌悪
羞恥
心地よくない感情

これらの感情の多くは、中心の意図の存在があるからこそ生まれているのです。

例えば、「あなたと一緒に楽しく働きたい」という意図があるのに、その意図に反する行為を相手からされると、ムッと怒りがこみ上げることがありますよね。すると、こみ上げた怒りの勢いが「あの人とはなるべく話さないようにしたい」というなんちゃって意図をつくり出してしまいます。

他にも、「このコンペに勝つことで、仕事の幅をグローバルに広げていきたい」という意図があるときにコンペに勝てば、喜びが溢れます。その結果、こみ上げた喜びが「この勝利を自慢したい」という意図に変わり、しばらくの間「仕事の幅を広げる」という本当の意図を忘れてしまうことがあります。

だから、いつも意図を確かめる習慣をつけましょう。

「その意図の奥にある意図はなんですか？」

この問いをつよい意図・もっともピュアな願いにたどり着いたと思うまで、繰り返し問います。これがつよい意図を見つけるもっともシンプルな方法ですが、もう少し丁寧に紐解いてみましょう。

覆いかぶさっている感情を丁寧に認知する

日々の出来事に反応し、さまざまな感情をもつことは自然なことです。意図のまわりに覆いかぶさった感情は、自分の注意を引きます。感情はつよい意図へ注がれた注意をさらに集中させる原動力になることもあれば、意図から別の方向へ注意を散漫にさせてしまう原因にもなります。

注意をぶらさないフローフォームをつくるためには、感情〝に〟コントロールされず、感情〝を〟コントロールする必要があります。そのための方法は、シンプルです。**感情が不意に注意を引く前に、こちらから注意を向ける**のです。作業を始める前にこれを行います。

感情に注意を向けるとは、「**感情を認知し、共感すること**」で実現できます。「えっ、自分の感情に共感するってどういうこと?・」と思われるかもしれませんが、認知することそれ自体が共感に繋がりますので、まずは感情を認知する習慣をつけていきましょう。

感情を認知するためには、言葉を使う方法と、使わない方法があります。両方紹介しますので、どちらか自分に合っていると思う方法を実践してみてください。

感情を紙に書き出す

まずは、言葉を使う方法です。これは比較的多くの人にとって取り組みやすい方法でしょう。必要なものは、白い紙とペン。今自分の中にある感情を丁寧に書き出していきます。ただ書き出すだけで、自分の感情を認知することができます。

それでは、どのように書き出していくのか。私たちの感情は、多くの場合、一言で表せるほど単純ではありません。

「嬉しいけど、不安もある」

「怖いけど、楽しみもあって、可笑しくもある」

このように相反する感情を同時に抱くこともあるでしょう。そんなとき、それらを統合したような芸術的な表現を一生懸命に考える必要はありません。ただ一単語一単語、「焦り」「嬉しい」「楽しい」「不安」「悲しい」のように書き出してみてください。

感情を言葉にするということに慣れていない場合、書く手が止まってしまうこともあるでしょう。普段、自分の感情を言葉にする機会があまりないということもありますよね。そんな方は、64ページにある図の言葉を参考にしてみてください。

感情を書き出すときのポイントは、今の気持ちを完璧に表す言葉にこだわるよりも、「これに近いな」というものを見つけて複数書き出すことです。これは、実際に私が長く活用してきた方法です。

フロー状態を実践するために注意の訓練をするために、自分の感情に注意を向けていこうと思ったら全く言葉にできず、師匠に相談をしました。私の師匠とは、人（特に成人）がフロー体験を繰り返しながら、より複雑で成熟した人間へと発達していく過程を理論化した「成人発達理論」の提唱者、ビル・トルバート氏です。感情の認知に苦戦する私にトルバート氏がくれたのが、ズラーッと感情を表す言葉が並んだドキュメント1枚でした。ハーバード大学教育大学院教授としてリーダーシップを教えていた際に使用したドキュメントだそうです。64ページの図はそれをベースに私が作成したものです。

こうして1つひとつ書き進めるうちに、書き出す前には気づいていなかった感情に新たに気づくこともあります。

ただし、**それぞれの感情を生み出した出来事にはここでは言及しない**方が良いです。出来事まで思考が及んでしまうと、作業を始める前段階で膨大な時間を使ってしまうからです。あくまで今この瞬間に湧いている感情への共感をする、ということをやってみてください。

沈黙して感情に耳を傾ける

感情に気づくもっともシンプルな方法として、沈黙の時間をとることも有効です。「なんだか、言葉や文字を使ってしまうとあまり感情を感じられない……」という方にはこの方法がオススメです。

最近では、特に欧米の先進企業でこの沈黙の時間が注目されています。こうした企業では、発言することが文化として是とされてきた会議の最初に、あえて10分間沈黙をしています。それによって、感情が注意を発散させたまま意見交換を繰り広げてしまうのではなく、今この瞬間の感情を沈黙の中で丁寧に認知し、その先にあるつよい意図に気づくことで会議に集中することができるのです。

その場で一度目を閉じること、どこか静かなところに行ってただ沈黙の時間をとることもいいでしょう。1～2分ほどのほんの少しの時間でも効果が得られます。

トルバート氏は、こうした沈黙のことを「Listening into the dark（暗闇に耳を傾ける）」と表現します。先ほどの感情を書き出していく方法とは真逆のアプローチになりますが、「感情が自分に自然と言葉を教えてくれるまで、ただただ耳を澄ませて待ってみる」というやり方です。作業と作業の合間に1〜2分、こまめに沈黙の時間をとっていると、トルバート氏が言う「自然と感情の方が自分に言葉をくれる」がどういうことがわかってきます。感情と自分の関係性が近くなり、コミュニケーションや作業が格段にスムーズになるのです。

体を動かして感情に触れる

手足や全身、あるいは音を使って感情を認知することもできます。私が研究の一環で行うフロー状態のワークショップで用いるのは、以下の3つです。

- **自由に絵を描く**
- **自由に声を発する**
- **自由に体を動かす**

特定のお題や型を真似するのではなく、そのときの自分の感じるままに自由に手や声、体を動かすことがポイントです。

絵を描くときは、白い画用紙の上に、そのときに思いついた色のペンやクレヨンで思うがままに手を動かしてみます。発声では、なんとなく頭に浮かんだメロディや音をそのまま口ずさみます。また、体を動かすときには全身を使い、自由にポーズをとってみたり踊ってみたりします。**その時々の感情に任せた表現をする**のです。言葉を使わなくても、体を動かして自分の中にある感情の動きや音色、温度に触れることで感情を認知し、共感することができるのです。

絵や歌、ダンスの技術は関係ありません。紙の上で、ただペンを遊ばせてみる。とりあえず足をぶらぶら振ってみたり、床にゴロゴロ転がってみたりしてただ体を動かしてみる。そうすることで、少しずつ感情がわかって、次第に感情の方が体を動かしてくれます。

こうして、紙に書き出したり、沈黙の時間をとったり、体を動かしたりすることによって自分の感情を認知しようとすると、自然とその感情のもつ温度や重さ、色や感触を直に味わえるようになります。これが、自分の感情に共感するということなのです。

つよい意図を問う

感情を認知し、共感することができたら、感情〝を〟コントロールできている状態に近づいているはずです。そうすればいよいよ、その奥にあるつよい意図が見えてきます。

感情に共感する前は、あらゆる感情がなんちゃって意図をつくり出していました。先の方法で冷静に感情を見つめることができている今、改めて問うてください。

「その意図の奥にある意図は何か？」

もう少しガイドしてくれる質問が欲しいという場合には、次のページの質問を使ってみてください。あまり時間をかけず、3分ほどで答えるのがベストです。

「もうこれ以上にピュアな答えは出てこない！」こうしてたどり着いたものが、フローフォームをつくる真の原動力となる「つよい意図」です。

意図を3つの軸で確かめる

「仕事を通じて何を得たいのか」

「どうしてそれを得ることが大切なのか？」

「こうした質問に慣れていなくて、いったいどう答えていいかわからない……」と迷う方もいらっしゃるかもしれません。意図を引き出すいくつかのヒントをお伝えします。

それぞれの質問について、以下の3つの観点から自分の答えを探ってみてください。

つよい意図に気づく質問

❶私は仕事を通じて何を得たいのか？

❷どうしてそれを得ることが大事なのか？（3回問う）

❸それを得ることを、これから行う作業はどんな風に支援してくれるか？

①人
②社会
③時間

「人」とは、「その作業を通して自分はどうなりたいのか」もしくは「その仕事を通して相手にどうなってほしいのか」と、人に対して抱いている願いを中心に考えるということです。「何を得たいか」と聞かれると漠然としてしまうけれど、自分や特定の人を想像すると、自分が望んでいる状態がよりわかりやすくなるでしょう。

「社会」とは、「自分／相手／●●さ

ん」という特定の個人よりも少し大きな枠組みで、「チームや会社、社会にどうなって欲しいのか」「チームや会社・社会にどのような影響を与えたいのか」と考えることです。社会といっても、全世界までスケールを広げる必要はなく、2人以上の間（友人関係、チーム、家族、会社、コミュニティ）に生まれている関係性や習慣として、何を望むかということを考えてみてください。

「時間」とは、「●年後、社会はどうなっていて欲しいか」「●ヶ月後、相手にはどうなっていて欲しいのか」など、現在から未来へと時間軸をずらすことです。例えば、組織が難しい課題を抱えているときに「今この組織をどうしたいか」と考えると消極的な感情しか出てこないこともありますが、「3年後、この組織にどうなっていて欲しいか」と考えると、ピュアな願いが湧き上がってくる可能性があります。

3つの観点を参考にして導き出した答えがどのようなものだったとしても、正解はあなたの心の中にしかありません。その上で、フロー提唱者のミハイ・チクセントミハイは、これら3つの観点において、「人」であれば自分よりも他者、「社会」なら自

つよい意図に気づくヒントになる３つの軸

❶人

自分／相手

❷社会

友人／チーム／家族
会社／コミュニティ

❸時間

現在／未来

分のすぐ近くのコミュニティだけでなく少し離れたところにある社会、「時間」であれば現在より少し先の未来にある意図をもつことでより深いフロー状態に入れると言っています。今置かれた状況や、自分自身という範囲よりも少し遠くに意図があることで、その分注意を引っぱろうとする力が強まるからです。

今の自分が一番しっくりくる答えを見つけるということを大切にしながらも、その中でもっとも現状や自分より遠くへ向けられたものはどれだろう？　という問いを、ぜひ持ち合わせてみてください。

つよい意図をもてれば、感情はフロー状態に入る味方になる

感情は、意図へ注がれた注意をさらに集中させる原動力になることもあれば、意図から別の方向へ注意を散漫にさせてしまう原因にもなるとお伝えしました。

ここまでの方法を辿り、自分のつよい意図に気づくことができれば、今度はその周囲の感情を味方につけることができます。

意図と感情の関係を犬の散歩にたとえると、散歩の目的地が、つよい意図になります。飼いならされていない犬（感情）は、やんちゃでなかなか言うことを聞いてくれません。目的地へ行きたいと思っているときに、道端に生えている草に興味を示してなかなか動かなくなってしまったと思ったら、少し目を離したすきに遠くのものに興味を持って走り出してしまったりしますよね。しかし、よく飼いならされた犬の場合には、リードを通じてしっかり「こっちに向かうよ」ということを伝えれば、それと同じ方向に歩みを進めてくれます。

あなたが飼っている犬の力を、辿り着きたい目的地に向かうためにどのように活かしていくことができるか、さらなる秘訣はステップ⑤の「混乱」の仕掛け方にてお伝えします。まずは、感情というあなたの犬をしっかりと飼いならすためのステップ①をクリアしていただけたら、次のステップに進んでください。

第3章

フローへのステップ②
フローを引き寄せるリラックス

リラックスがフロー状態の土台になる

ここまで本書でも繰り返し説明していますが、**フロー状態に入るためには、注意の分散を防ぐことが重要**です。そのために、ここまで感情を知り、意図を明確にするなど、注意の集中を阻害する要因を取り除いてきました。

つよい意図に気づいたら、次のステップとして、「**リラックス**」があります。フロー状態は高い集中力を保った状態ですが、同時に全身から力が抜けていることが重要であり、リラックスは欠かせないのです。

リラックスをしていると、意思決定時に最初から落ち着いていることができます。大事な図なので一般時の意思決定の流れと、フロー状態での意識決定を比較した図を

意思決定時の脳波の推移

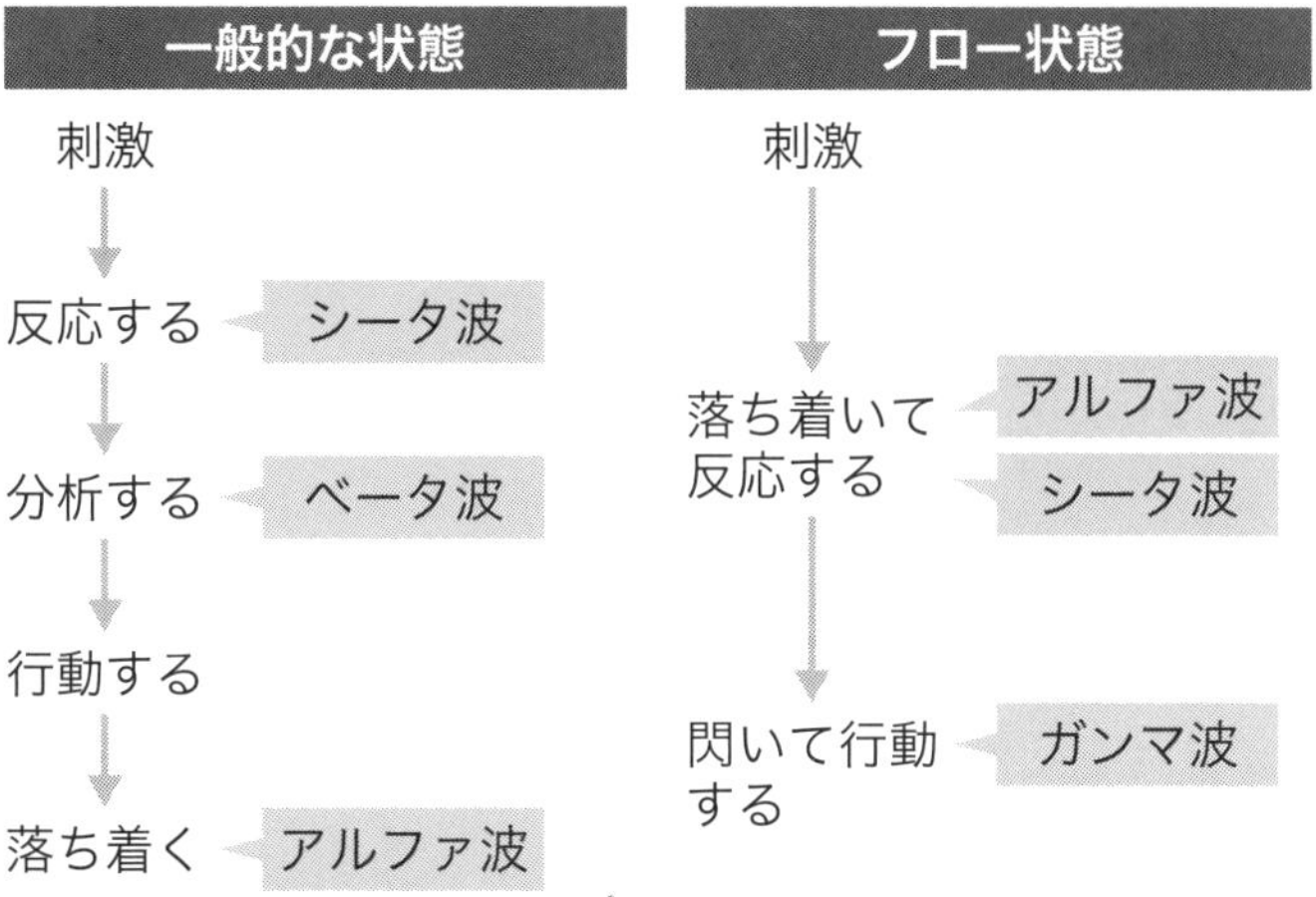

もう一度見てみましょう。

第1章で「フロー状態での意思決定では、刺激に対してまず落ち着いている（アルファ波が出ている）」とお伝えしましたが、この落ち着きをもたらすものこそが、まさにリラックスなのです。

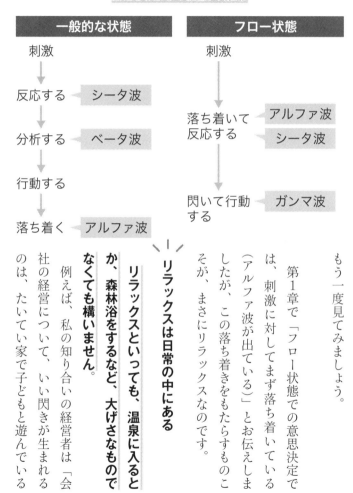

リラックスは日常の中にある

リラックスといっても、温泉に入るとか、森林浴をするなど、大げさなものでなくても構いません。

例えば、私の知り合いの経営者は「会社の経営について、いい閃きが生まれるのは、たいてい家で子どもと遊んでいるときだ」とおっしゃっていました。これこそまさに、リラックスがフロー状態を生み出す典型例だといえます。

会社という比較的リラックスしづらい空間で物事を考えていると、どうしてもベータ波での論理思考・分析を続けてしまいます。これでは、閃きを得るフロー状態の意思決定システムに突入することができません。

会社で経営者としての緊張感を纏《まと》っている状態から一度離れ、家で子どもと遊ぶ時間は、体がよりリラックスをしていますよね。このリラックス状態が、フロー状態に入るための下地となるのです。

自分がリラックスしている瞬間を知る

リラックスするには大きく2つの方法があります。

1つ目は「**感情に気づくこと**」。

これは、第2章でお伝えした内容です。自分の感情に気づけていないと、感情が不意に自分の注意を連れて行ってしまうので緊張感が抜けず、状態を元に戻そうとして思考が活発に動いてしまいます。だからこそ作業を始める前に自分の感情にサッと注意を払い、その奥にあるつよい意図をしっかり認識しておくことができると、それだけで落ち着きを得ることができます。

そして、もう1つの欠かせないリラックスが、「**体のリラックス**」です。**体がリラ**

ックスしていないと、100パーセント意図に集中して目の前のことにエネルギーを注ぐことができません。

体のリラックスとはどのような状態か

フロー研究で言われている「体がリラックスできている状態」とは次のようなものです。

- 呼吸が深い
- 呼吸が安定している
- 姿勢がまっすぐ
- 頭が体の真上にある
- 姿勢があまりぶれない
- まばたきをする間隔が安定している
- まばたきをする強さが安定している
- 顔から力が抜けている

● 肩からも力が抜けている
● 五感が研ぎ澄まされている

このような体の状態がフロー状態に入っているときの特徴だということが、多くのフロー研究によってわかっています。

自分がリラックスしている瞬間を知る

体のリラックスが大切とはいえ、姿勢やまばたきを意識するのは、はじめは難しいものです。それこそ姿勢を正すことに注意を奪われてしまい、フロー状態に入るのを阻害してしまうかもしれません。

また、リラックスの方法としてその有効性が実証されているのが「瞑想」です。たった10〜20分でも、心と体の状態を落ち着かせるのに大きな効果があります。

瞑想はマインドフルネスのトレーニングとしてＧｏｏｇｌｅでも取り入れられました。今では日本でも、多くの企業が瞑想やヨガのワークショップや講座を社員のため

体がリラックスできている状態

に開催しています。瞑想はもっとも手軽にできて効果が高いことから、こうして多くの人が生活の中に取り入れていますが、リラックスするための唯一の手段というわけではありません。私がオススメしたいのは、**自分に合った、自分が好きだと思えるリラックス方法をもつ**ことです。

つまり瞑想に限らず、**リラックスの方法は、なんでもいい**のです。もっとも自分に合ったリラックスのやり方を探すために一番いい方法は、日常の中で、**自分が何によってリラックスしているかということをよく知る**ことです。

例えば私は、ホットココアを飲むとすごく心と体が落ち着いて、全身からふーっと力が抜けます。カフェオレよりも、カモミールティよりも、なぜかわかりませんがホットココアが一番なのです。

また、少し緊張するような会議が午前中に入っていたりすると、朝からお風呂を沸かして湯船に浸かって、思いっきり体の力を抜いてから会議に行きます。

私自身の例以外にも、フロー状態に入るためにこれまで研究で実証されてきたリラックス方法や、私の周囲の実践者たちが取り組むリラックス方法を記します。これらに当てはまらないものでも、ご自身がリラックスするものであればいいでしょう。

リラックス方法の一例

- 瞑想をする
- 深呼吸をする
- ストレッチやヨガをする
- 仮眠をとる
- ハーブティーやココアなど温かい飲み物を飲む
- 買い物をする
- 笑う（お笑い動画を見る、友人とふざける）
- 小動物を見る（画像・動画でも可）
- お風呂に入る
- ボーッとする
- 電車で他人の会話にボーッと耳を傾ける

- **カラオケで熱唱する**
- **絵本を読む**
- **泳ぐ**
- **サウナに行く**
- **仲の良い友人と話す**
- **家族や恋人と過ごす**

これらを参考にしながら、自分が1日の中で一体どこにいるとき、何に触れたとき、何をしているときに、全身が脱力するほどリラックスしているかを探してみてください。

そして大切なのは、**それが多少常識からはずれていることだったとしても、自分のために実践してあげること**です。

例えば、カラオケで熱唱してリラックスできるのであれば、仕事に行く前の早朝に1人でカラオケに行き、1時間熱唱してもいいのです。あなたにもきっと、先のリストには載っていないような、究極のリラックスをつくり出してくれるあなただけの方法がすでに存在しているはずです。

自分だけのリラックス方法をコンパクトに再現する

さて、これらのリラックス方法ですが、人によって数十秒でできるものから、3分程度かかるもの、もしかしたら1時間くらいかかってしまうものもあるかもしれません。時間だけでなく、場所や道具など必要なものがすぐには用意できないこともあるでしょう。そうしたときには、**縮小版で再現できないかと考えてみましょう**。

例えば、「お風呂に入るとリラックスできる」という人であれば、自宅作業では実現できるでしょうが、オフィスでは特別な環境がない限り難しいでしょう。

そうしたケースでは、少しでも同じ要素があるもので再現してみましょう。

お風呂に入る行為は、いくつかの縮小版を作れます。温かい水に触れることが重要なのであれば、お湯で手を洗う。体温を上げることが重要なのであれば、ストレッチや温かい飲み物、温まる食材を取り入れるなどといった方法が考えられます。手を温める、ホッカイロを体に当てる、お湯で手を洗うなど、手軽にできる方法はたくさん

リラックスをコンパクトに再現する

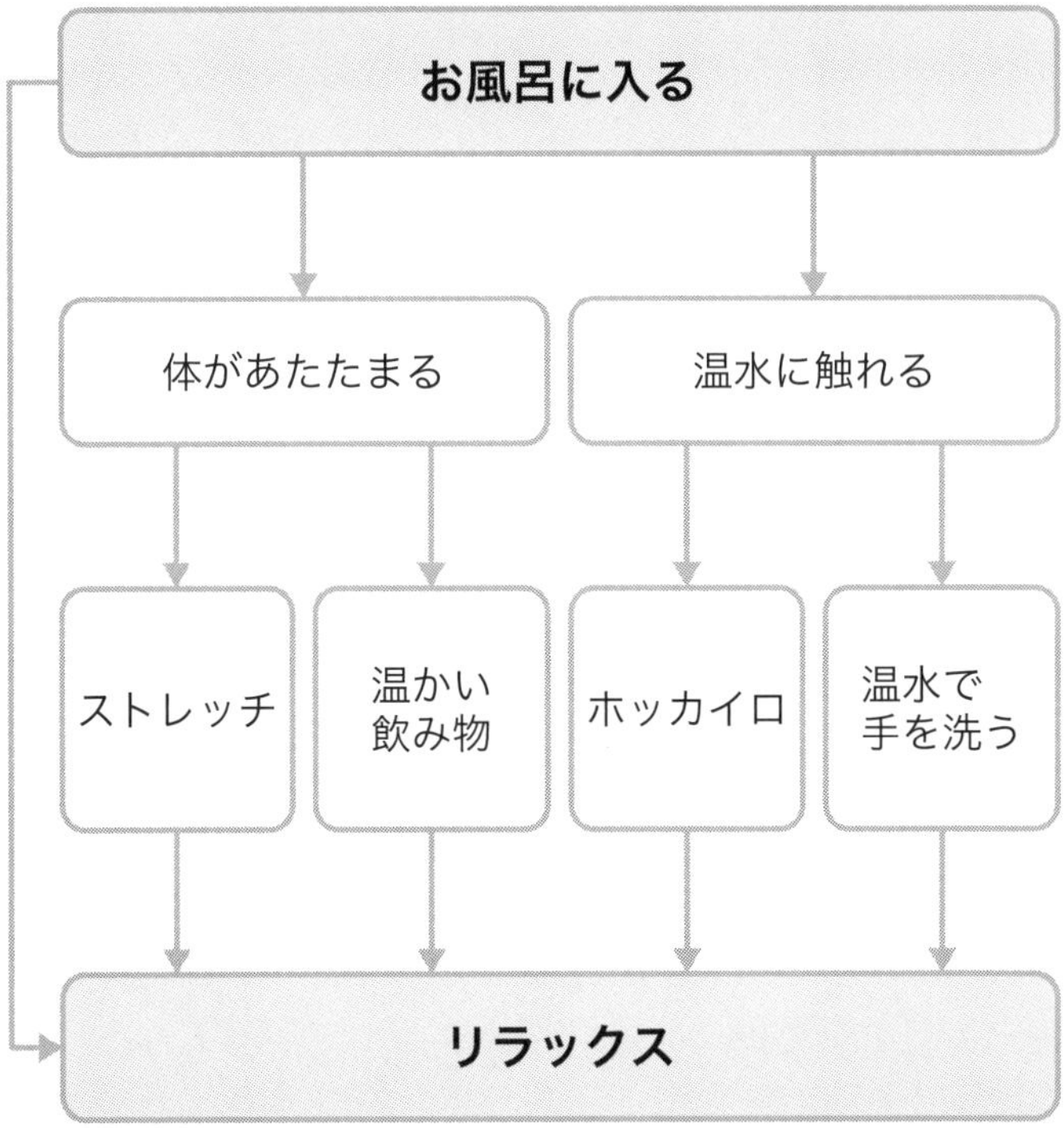

あります。

「えっ、そんな簡単でいいの?」と思われるかもしれません。でも、いいのです。なぜかというと、ここで大事なのは「ホッカイロ」や「お湯」に触れることで脳に、「お風呂に入っているときの最高のリラックス状態」を思い出させるきっかけにさえなればいいのです。何もきっかけがない状態で「よし、リラックスしよう」と思っても難しいかと思いますが、ほんの小さな疑似体験があるだけで、脳が反応して「OK、あの状態ね」と指令を出してくれるのです。

笑うことがリラックスに繋がるのであれば、スマートフォンでお笑いの動画を見ることもできます。私はよく、考える作業に飽きてきたら最近のお笑い動画をYoutubeで1つ見て、「ガハハ～くだらない～」と声に出して笑ってからもう一度作業に戻ることがあります。「オフィスではちょっと……」という方でも、3分くらいトイレの個室でイヤホンをして見ることはできるかもしれません。

単純に、**視覚や聴覚に訴えかけるのもいい**でしょう。

広島大学の入戸野《にっとの》宏《ひろし》准教授（当時）の研究によれば、子猫や子犬など幼い動物の写真を見ると、自然と頬が緩み、笑顔になり、集中力が高まるといいます。動物以外にも、好きなキャラクターやマスコットがある、という人もいらっしゃるでしょう。癒されたり、心がときめいたりするものを見るだけでリラックスできるのですから、簡単ですよね。

ちょっとした小さなぬいぐるみをデスクに置いたり触ったりするのもいいでしょう。ちょっとしたことでも、きっかけさえあれば脳が反応し、ずっとスムーズにリラックス状態をつくれるのです。このように「どんなことでもいい」と思うと、自分のオリジナルのリラックスアイテム（方法）を何にするか、ちょっと考えるのが楽しくなりますよね？

最近はシリコンバレーの企業を中心に、オフィスの様子が従来に比べて賑やかになってきています。お菓子が置いてあったり、1人で働く場所、気軽に集まれる場所、寝るスペース、シャワーが設置されているオフィスもあれば、ビリヤードやテレビゲームなどの遊び場も充実していたりします。

先ほどの広島大学の研究に関連しますが、Ｇｏｏｇｌｅでは社内のイントラネットの画面の中にたくさん子猫の写真を入れているようです。こうした企業では、社員たちがいかにフロー状態に入り、最大限のパフォーマンスを発揮するかということが考え尽くされて働く環境が設計されています。創造的な企業がここまでリラックスに対して徹底した配慮をするのは、それだけプライベート空間からオフィスに通勤するということが緊張感を生むことだからです。「プライベートとオフィスのシームレス化」がその緊張を最大限和らげるのです。

とにかく、フロー状態はリラックスの先にしかありません。会社がみなさんのリラックスを考えてくれたらそれは素晴らしいことですし、そうでない場合にも、ご自身でぜひ工夫をしてみてください。

もちろん、リラックスをするために気張ってしまっては元も子もないですが、リラックスは待っているだけで自然と訪れるものでもありません。自分に合った、ちょっとしたきっかけを上手につくって、「攻めのリラックス戦略」を立ててください。

第4章

フローへのステップ③
手順をイメージする

作業中に手順で迷わないために

つよい意図に気づき、リラックス状態をつくれたら、これから取り組む作業の手順（流れ）を確認しましょう。

手順を確認することも、作業の内容に注意を集中させるために欠かせない準備です。

例えば、次のような会話をした経験はありませんか？

「え〜っと、先週は●●の話をしたんですよね？　そうしたら、今日は何を決めましょうか……？」

社内の定例会議で、決められた時間通りに集まってみたはいいものの、参加者が何を話し合って決めるのかを把握していないという状況です。

これは典型的なノンフロー状態の会議です。参加者が決めるべき議題の中身ではなく、この時間をどんな議題の流れで進めるのかということに注意を奪われてしまっているため、創造的なアイデアや閃きのために必要な注意が残されていません。

この「手順をイメージしてから作業を始める」ということのフロー状態への影響力はとても大きいのです。

なぜなら、第2章で一番大事とお伝えした「つよい意図」をもたずに作業を始めてしまった場合でも、手順のイメージが鮮明にできていればフロー状態に入れてしまうことがあるからです。

私は最近、母が開催するフラワーアレンジメント教室のチラシ300枚に、ひたすら日付を書き続ける作業をしました。印刷の際に日付の記載が抜けてしまったので、チラシの右上の余白にただひたすら「1月7日」と書き続ける作業です。

特につよい意図があったわけでもなく、ただただ始めたのですが、50枚ほどを超えると、紙をめくる手と日付を書く手と自分の呼吸とが全部自動で行われているような感覚に陥りました。なんでもない作業ですが、まさに小さなフロー体験だったのです。

なぜ私がフロー状態に入れたかというと、手順がとても明確にイメージできていたからです。「イメージできる」というところが重要です。作業の前に手順を思い浮かべ、完了までの流れがイメージとして頭の中にインプットされれば、作業の途中に一切手順に注意を向ける必要がなくなるのです。貴重な注意のすべてを作業の内容に注ぎ込むことができ、フロー状態への扉が開くのです。

チラシにただただ日付を入れるような、特段つよい意図のない、つまり自分にとってさほど重要ではない作業でも、手順がイメージできることで入れるフロー状態のことを「**マイクロフロー**」といいます。その名の通り、小さなフロー。「つよい意図」があるときほど、強烈な没入感や幸福感が生まれるわけではないですが、簡単にそれに近い状態に入れるのです。

このようにフローには、その体験に段階があり、作業の重要性によってどのフローを目指すかを見極めることができます。詳しくは、第7章で解説します。

いずれにせよ、手順をイメージしてから作業を始めるという、フロー状態に入るためのステップ③の重要性をご理解いただけたでしょうか。

手順は細かく分解する

前節では、会議の例を挙げましたが、1人でパワーポイント（以下パワポ）などで資料をつくるときも同じことが言えます。

資料作成の際に「とりあえずパワポを開いたものの、そこから先に手が動かず、全くフロー状態に入れない……」なんて経験がありませんか？　私もよく、最初からパワポの画面を開き、1枚目から埋めていこうとがむしゃらに取り組んでいました。図の配置や色などの細かいところまでこだわり出して、いざ2枚目に進むと、「あれ、次は何を書けばいいんだ?」と困ってしまいます。時計を見たら、作業時間の半分以上が過ぎている……それでも終わったのは1枚目だけ。

これも、典型的なノンフロー状態の作業方法です。

手順を明確にするコツは、**複雑性や難易度が高い仕事でも、シンプルに手順がイメージできるまで分解すること**です。

以前、パワポ資料の天才と言われる方の講座を受けたとき、その方がこう断言していました。「パワーポイントは最後の最後まで開かないでください」と。最初に必ずテキストベースで、紙やスマホのメモ欄に全体の構成を書き出す。その後、資料の流れを設計することで、作業の流れを鮮明にイメージができます。そこまでできてはじめてパワポを開くことで、最短時間で最高の資料を作れる、とのことでした。

このように、**手順を設計し、イメージしてから作業をするということが習慣になるまで、流れを紙に書き出す癖をつけてみてもいい**かもしれません。例えばプレゼン資料作成なら、あくまで一例ですが、以下のように。

パワーポイント作成の手順

①全体の構成をテキストで書き出す（所要時間20分）
②構成を元にスライドの枚数を決める（所要時間5分）
③テキストの文字をスライドに入れ、整える（所要時間10分）
④必要な図や写真をネット上で集める（所要時間20分）
⑤図を入れながら1枚ずつスライドを仕上げる（所要時間1時間）

大切なのは、手順を分解し、時間を区切ること。その上で、作業前に①～⑤までの流れを頭の中で一通りイメージすることです。イメージができないところがあれば、あまりその流れがしっくりきていないか、シンプルに分解し切っていないということです。

手順のイメージができていないまま作業を始めてしまうと、必ず迷いが生じます。

せっかく作業の内容に注ぎ込んでいた注意が、手順に注がれてしまうと、また内容の方に完全に注意を戻してくるのに平均でも30分かかると言われています。

逆に、イメージがはっきりと描けていれば、小さい頃に習った塗り絵のように、作業の縁取りができたことになり、あとは心置きなくその中身を塗りつぶすことに熱中できるのです。

作業中に手順を意識しないための工夫を徹底する

フロー状態に入りやすい人には、やることを書き出しているという共通点が見受けられます。以下は、あるメディア関連の経営者の方が、ある朝書いていたメモです。

- **メンバーのＳｌａｃｋに返信**
- **コップを洗う**
- **ジャケットを着る**
- **ネクタイをつける**
- **靴を履く**

このように「えっ、そんなことまで書くの?」と思うくらい細かいのです。

メディア関係の仕事をしていると、日々大量の情報に注意を向けることになります。

経営者ともなると、メンバー一人ひとりのことも考えなくてはなりません。すると、彼の中の126ビットは途端に埋め尽くされてしまいます。だからこそ、どんなにくだらないと思えることでも、一度動き出したら手順をあれこれ考えなくて済むように先に書き出しておくのです。**情報を紙に預けることで、注意を留めておかなくてはいけない情報量を極力減らし、その分重要なことに回す**のです。まあ、最後の「靴を履く」は流石に笑いのネタづくりだったかもしれませんが……（笑）。

先にできることは先にやる

作業に注げる注意の量を保つために、手順を紙に書くことに加え、「**すぐに終わらせられることは先にやってしまう**」ということも有効です。これもフロー状態に入りやすい人に共通した特徴です。

例えば、場所の移動。

離れた場所で2つ打ち合わせが入っており、打ち合わせから次の打ち合わせまでの間に少し時間があるので作業をしよう、という場合があるとしましょう。**その隙間時間の作業でフロー状態に入れる人というのは、先に場所を移動することを優先します。**「この後14時18分の電車に乗って移動する」といった手順を書き出しておいて作業に没頭することもできますが、先に済ませてしまった方がその分の注意の容量を完全に開けることができるのです。限りある注意の容量を常に意識して、ちょっとでも目の前の作業から注意を削ぐ要因となるものを減らしていく繊細な努力が、フロー状態を確実につくり上げていくのです。まるで、畑の養分を最大限農作物に注ぐために、日々丁寧に雑草や害虫を取り除いている農家さんのように……。

手順を考える時間と作業の時間を分ける

手順を紙に書き出し、イメージをして、これで注意を集中するために万全を尽くした。それでも、作業を進めているうちに、「他にこういう手順があったかも?」「やっぱり先にこれをやらないといけなかった」と気がつくこともあるでしょう。

そうなったときには、**一度作業の手を止めて、もう一度手順を整理しなおすことに時間をとりましょう。手順を考える時間と作業をする時間を分ける**ということを守ってみてください。

手順と作業は分ける

◎ 手順を考える時間と作業の時間を分ける

- 手順は紙に書き出す
- 書くときはできるだけ細かく分解する
- 手順で迷ったら、一度作業の手を止める

× 手順を考えながら作業をする

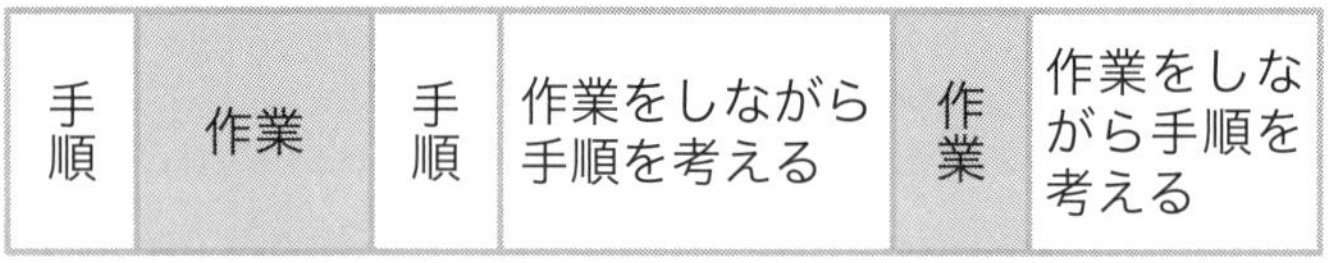

- 注意が分散してしまい、ノンフロー状態になる

先にも書いたように、一度目の前のことから注意が削がれると、また戻ってくるのに平均でも30分かかってしまいます。

フロー状態の原則として、「2つの作業をまたぐことはできない」とされています。作業を行うこと、作業の手順を考えること、という2つを何度も切り替えれば、その度にフロー状態が途切れます。

だからこそ、最初に手順のイメージをしっかり明確にしておくのですが、それでも途中で迷いが生じた場合には、ここで注意の切り替えが1回で済むように、もう一度手順を描きなおすことに集中することが重要なのです。

第5章

フローへのステップ④ フィードバック体制をつくる

フィードバックがフロー状態を強化する

本章で解説する「フィードバック」とは、第4章で解説した手順と同じく、作業の最中に生じうる「迷い」をなくすための体制づくりです。この場合の「迷い」とは、最初に気づいたつよい意図に対して「作業が今うまくいっているのかどうかわからない」というものです。

私たちの貴重な注意を阻害し得る迷いをなくすために、ぜひ習慣にしていただきたい、3つのフィードバック体制づくりについて本章では紹介します。

フィードバックは迷いを消してくれる

まずは、なぜフィードバックが重要なのかを考えてみましょう。

フィードバックが欠かせない理由は、フロー状態を阻害する分析思考、つまりベータ波を出さないようにするためです。作業の途中、フロー状態を中断する一番のきっかけになるのは、実は「うまくいっていない」ときではなく、**「うまくいっているのか、うまくいっていないのかわからないとき」**なのです。

第2章ステップ①で明確にした「つよい意図」をしっかりもって作業を始めたら、すべて簡単に進む作業より、むしろうまくいかないポイントがたくさん隠れている作業の方が、より注意を釘付けにし、フロー状態を保ちます。

しかし、つよい意図に向けて上手に進んでいる（あるいは進んでいない）という見極めができなくなってくると、私たちの注意は次第に目の前の作業を離れて遊び始めてしまいます。仕事をする上で同僚や上司と報連相が欠かせないように、自分の注意に対しても、作業の結果を「こういうことが起きている」と報告してあげないと、見放されてしまうのです。

第1章で、スポーツ選手とフロー状態の関係性についてお伝えしました。スポーツ選手がフロー状態に入りやすい理由の1つに、フィードバックの速さと明確さがあげられます。

例えば、テニスコートには明確な白線が引かれており、ショットの「イン」と「アウト」がはっきりとわかります。コート内にボールがつく位置や白線との距離から、自分の打ったショットがどれほど効果的だったのかが判断しやすく、また瞬時に返ってくる相手のショットもわかりやすいフィードバックになります。ラケットに当たったときのボールの音や腕に伝わってくる感覚でも、ショットの質を見極められます。


スポーツの他に、外科医が手術を行う際のフロー状態も報告されています。手術台での成功・失敗が、目の前の人の心拍数や血圧、さらには生死というかたちで即座にフィードバックとして返ってくるため、フロー状態に入りやすいのです。

一方、同じ医師でも精神科医や内科医は、外科医ほどフィードバックを直接的かつ瞬時に得ることができません。こうしたフィードバックの頻度の違いが、医師のスキル上達の速度に違いをもたらすことが研究でわかっているのです（Stephen Dubner and Steven Levitt,“A Star Is Made,”New York Times,May 7,2006.）。フィードバックが得にくい精神科医や内科医は時間がたつにつれてスキルが落ちていく傾向にある中、反対に外科医は、医師の中で唯一、時間がたつほどスキルが向上する分野なのだそうです。

このように、スポーツや外科手術では、**明確な判断基準に基づいたフィードバックが、素早く、また頻繁に返ってくることでフロー状態に入りやすくなります。**

また、これらのフィードバックのうち、ほとんどのものが、**言葉や文字を介さずに視覚や聴覚、体感覚など五感を使って得られる**ということもポイントです。フィードバックの種類の違いについて紹介しましょう。

3種類のフィードバック

フィードバックの情報源には次の3種類のものがあります。

①他者からのフィードバック
②作業自体からのフィードバック
③個人的な基準からのフィードバック

作業によって、それぞれのフィードバックの得やすさに違いはあるものの、たいてい3つすべてのフィードバックの体制を整えることができます。1つずつ説明していきますので、ご自身の仕事や活動において、3つのフィードバックの体制を整える方法を考えてみてください。

①他者からのフィードバック

1つ目の重要なフィードバックの情報源は、コミュニケーションによるフィードバックです。「フィードバック」というと誰もがまずこの方法を思い浮べるのではないでしょうか。

他者からのフィードバックの特徴は、言葉を用いること。メリットは、**自分では作業がうまくいっているかどうか明確な判断指標を持ち合わせていないとき、またはその指標に自信がないときに他者の視点に頼れる**ことです。

このフィードバック体制をつくるには、まず、行おうとしている作業において、「自分の意図を達成する方法を自分よりもよく知っている人は誰か」を決めます。

ただし、1回1回アポイントメントをとって話をしにいくのは労力を要するので、可能であれば定例にしておくのがオススメです。前述した企業における上司や同僚との1on1などは、まさにその例です。

同様に**仕事のフィードバックであっても、会社の中の人に限る必要はありません**。経営者の多くが、自分の経営判断の正当性を確かめたり、市場の捉え方の精度を磨いたりするために、自分よりも洗練された（あるいは自分とは専門分野の異なる）視点を持っていて、信頼をおくことのできるコーチやコミュニティを会社の外につくっています。私も、毎週金曜日の朝に1時間、必ず会っているパートナーがいて、1週間の仕事において考えたことや気になったことについて、互いにフィードバックをするようにしています。

必ずしも自分よりもその作業において熟達した人でなくても、チームとして関わっている人、最終的に承認を取らなくてはいけない人など、「あの人はどう思うかな」と気になる人には、可能な限りすぐに聞きにいく癖をつけておくといいでしょう。作業中に何かが気になる状態が長時間続いたり、増えたりすることを極力なくしていくことが、フィードバック体制をつくる一番の目的なのです。

他者からのフィードバックは、会話を通じて得ることができるという特性から、相手がどんなに近くにいたとしても一度目の前の作業を中断する必要が生じます。先にも述べたように、フロー状態は2つ以上の作業をまたぐことは原則できないため、一度フロー状態を途切れさせることになります。このフィードバックは、次に作業に入るときのフロー状態に繋がるフィードバックとして有効なのです。

他者からのフィードバックを頻繁にもらうことで、次に作業をする際にその進捗の良し悪しを判断する指標を豊富に持った状態で始められます。「判断指標を学ぶ」という意味でも、他者からフィードバックを得ることを、ぜひ習慣にしてください。

②作業自体からのフィードバック

これから紹介する残り2つのフィードバックは、**進行中の作業の出来について、もっともタイムリーに察知できるフィードバック**です。作業を中断することなく、作業中のフロー状態をより強化するのです。

その理由は、他者からのフィードバックが言葉を通じて得られるのに対し、**作業自体からのフィードバックは、主に視覚や聴覚など「五感」を通じて得られる**ことにあります。

本章の冒頭に挙げたテニスの例における、ボールと白線の距離、相手から返ってきたボールのスピード、ボールがラケットに当たったときの音や腕の感触がこれに当たります。外科医にとっての心拍数や血圧データの推移も同様です。

つまり、その作業がうまくいっている（もしくは、うまくいっていない）ことを即時に示す「サイン」を五感を通じて認識するのです。

このサインが一体どこに表れるかを明確にさえしておけば、スポーツや外科手術に限らず、あらゆる作業において即時のフィードバックを得ることができます。

例えば、優秀な営業職の人であれば、ピンと直線に張っていた相手の眉尻が1センチ下がる瞬間を見逃しません。自分との会話を心地よく感じ始めたサインである可能性が高いからです。工場で機械の組み立て作業をしている作業員にとっては、パーツとパーツがハマる「カチッ」という音がわかりやすいフィードバックになります。私が仕事で関わっている岡山の小橋工業という会社では、「昨日より少しでも高い生産性を実現したい」というつよい意図をもっており、そのフィードバック体制として、工場のどこからでも見える位置にある壁に「1つの機械の生産にかかった時間」がリアルタイムに表示されています。

このように、どのような仕事や作業にも、意図に対していい方向に向かっているかどうかを判断する指標が必ずあるはずです。それをどんな作業上のサインで確認することができるか、あるいは小橋工業の電子掲示板のようにサインを設置することができるか、作業をする前に明確にしておくことが、このフィードバック体制のポイントです。

③個人的な基準からのフィードバック

3つ目は、個人的な基準から発生するフィードバックです。これも作業を中断することなく、五感や直感を通じて得ることのできるリアルタイムのフィードバックで、作業中のフロー状態を強化します。

先ほどの、作業中に何らかのサインを外部から見つけ出すということに対し、**「個人的な基準」とは、自分自身の内部の感覚に見られるサイン**です。

作業がうまくいっているときと、うまくいっていないときでは、自分の体の中で生じている感覚に違いがあります。周囲の会話が聞こえなくなって一層静けさを感じたり、まばたきの回数が大きく減ったり、お腹のあたりがほんわか温かくなったりするでしょう。こうした現象はあまりにも自然に、自分自身の一部として生じているので、よく自分の感覚に耳を傾けないといけません。

私は、仕事でフロー状態に入っているときに必ずといっていいほど体験していることとして、「指がパソコンのキーボードの上で踊りはじめ、勝手にタイピングが進む」という感覚を覚えます。もちろん、「指が踊りはじめる」というのは比喩ですが、まさにそういった感覚になるのです。そのときのリズミカルな感覚を、はっきりと覚えています。仕事をしているときにそういった現象が起きてくれば、自分がかなり深い集中状態に入っており、良いパフォーマンスを出しているときだということを自覚できます。

こうした感覚は自分自身に特有のものであることから、人に教えてもらうことができません。作業時の自分をよく観察することでこの基準を学んでみてください。肩から完全に力が抜けている、まるで水中にいるかのごとく体重を感じない、背筋がまっすぐ伸びている、呼吸が深くなっているなど、自分だけが感じることのできるサインを見つけておくのです。

3種類のフィードバック

	他者からのフィードバック	作業自体から得るフィードバック	個人的基準からのフィードバック
形式	言語による	五感による	五感・直感による
タイミング	作業の前後	作業中	作業中
難易度	低	中	高
必要な設計	判断を委ねる人と頻度	外部のサイン	内部のサイン

ウェアラブルデバイスによる客観的な評価

これらの他者、自分自身のフィードバック以外にデバイスに頼るという方法もあります。

例えば、大手メガネチェーン店ＪＩＮＳが開発した「JINS MEME（ジンズ・ミーム）」は、スマートフォンアプリと連携することで、いついかなるときに集中しているか、いつ眠くなったかなどを、目の動きから推定して集中状態を測ることができるメガネ型ウエアラブルデバイスです。アプリを使ってさまざまな情報をフィードバックしてくれます。

スタンフォード大学の研究から生まれた「Spire（スパイアー）」は、身につけるとスマートフォンアプリに呼吸の深さを記録できるデバイスです。呼吸から心理状況

お買い求めいただいた本のタイトル

■お買い求めいただいた書店名

（　　　　　　　　）市区町村（　　　　　　　　）書店

■この本を最初に何でお知りになりましたか

□ 書店で実物を見て　□ 雑誌で見て（雑誌名　　　　　　　　）
□ 新聞で見て（　　　　　新聞）　□ 家族や友人にすすめられて
総合法令出版の（□ HP、□ Facebook、□ twitter）を見て
□ その他（　　　　　　　　）

■お買い求めいただいた動機は何ですか（複数回答も可）

□ この著者の作品が好きだから　□ 興味のあるテーマだったから
□ タイトルに惹かれて　□ 表紙に惹かれて　□ 帯の文章に惹かれて
□ その他（　　　　　　　　）

■この本について感想をお聞かせください

（表紙・本文デザイン、タイトル、価格、内容など）

（掲載される場合のペンネーム：　　　　　　　　）

■最近、お読みになった本で面白かったものは何ですか？

■最近気になっているテーマ・著者、ご意見があればお書きください

ご協力ありがとうございました。いただいたご感想を匿名で広告等に掲載させていただくことがございます。匿名での使用も希望されない場合はチェックをお願いします☐
いただいた情報を、上記の小社の目的以外に使用することはありません。

郵便はがき

料金受取人払郵便

日本橋局
承認

6034

差出有効期間
平成33年2月
28日まで

切手をお貼りになる
必要はございません。

103-8790

953

中央区日本橋小伝馬町15-18
ユニゾ小伝馬町ビル9階
総合法令出版株式会社 行

本書のご購入、ご愛読ありがとうございました。
今後の出版企画の参考とさせていただきますので、ぜひご意見をお聞かせください。

フリガナ お名前	性別 男・女	年齢 歳
ご住所 〒 TEL （ ）		
ご職業 1.学生 2.会社員·公務員 3.会社·団体役員 4.教員 5.自営業 6.主婦 7.無職 8.その他（ ）		

メールアドレスを記載下さった方から、毎月5名様に書籍1冊プレゼント!

新刊やイベントの情報などをお知らせする場合に使用させていただきます。

※書籍プレゼントご希望の方は、下記にメールアドレスと希望ジャンルをご記入ください。書籍へのご応募は1度限り、発送にはお時間をいただく場合がございます。結果は発送をもってかえさせていただきます。

希望ジャンル：☐ 自己啓発 ☐ ビジネス ☐ スピリチュアル

E-MAILアドレス ※携帯電話のメールアドレスには対応しておりません。

（緊張・平穏・集中）を推定し、ストレス状態が続いたときなどには振動して注意を促してくれます。

また、アドバンスド・ブレイン・モニタリング社などが脳波を測れるデバイスを販売しています。着用中の脳波の変化が観測されるため、「この作業をしていたときはベータ波が出ていた」「普段と環境を変えたら、シータ波が多く出るようになった」といったようなことがわかるようになります。こうした脳波のフィードバックを「ニューロフィードバック」といい、フロー研究でも活用されています。

ニューロフィードバックを取り入れることでフロー状態に入れる確率が35〜80パーセント高まるという研究結果もあり、有用性が証明されています。

ただし、こうしたウエアラブルデバイスでの測定には、デバイスの購入の必要もあり、自身のフィードバックを突き詰めたいという方には向いていますが、そうではない方は、本章で解説した3種類のフィードバックを習慣化するだけで十分でしょう。

第6章

フローへのステップ⑤
ちょっとした混乱を仕掛ける

ちょっとした混乱がシータ波を突き動かす

さて、ここまでの4つのステップをクリアすることができたら、いよいよ、目の前の作業に取りかかるための最後の一工夫です。

「つよい意図」が作業に最大限の注意を注ぎ込む原動力となり、リラックス・手順のイメージ・タイムリーなフィードバック体制によって、その後の注意の分散を防ぎ、フロー状態を維持するメカニズムが整いました。

最後に取り入れたいのは、フロー状態を強化するアイテムです。それが、あえて自ら仕掛ける「ちょっとした混乱」です。

ちょっとした混乱については、第1章でも簡単に紹介しました。

フローは不安と退屈の間に訪れる

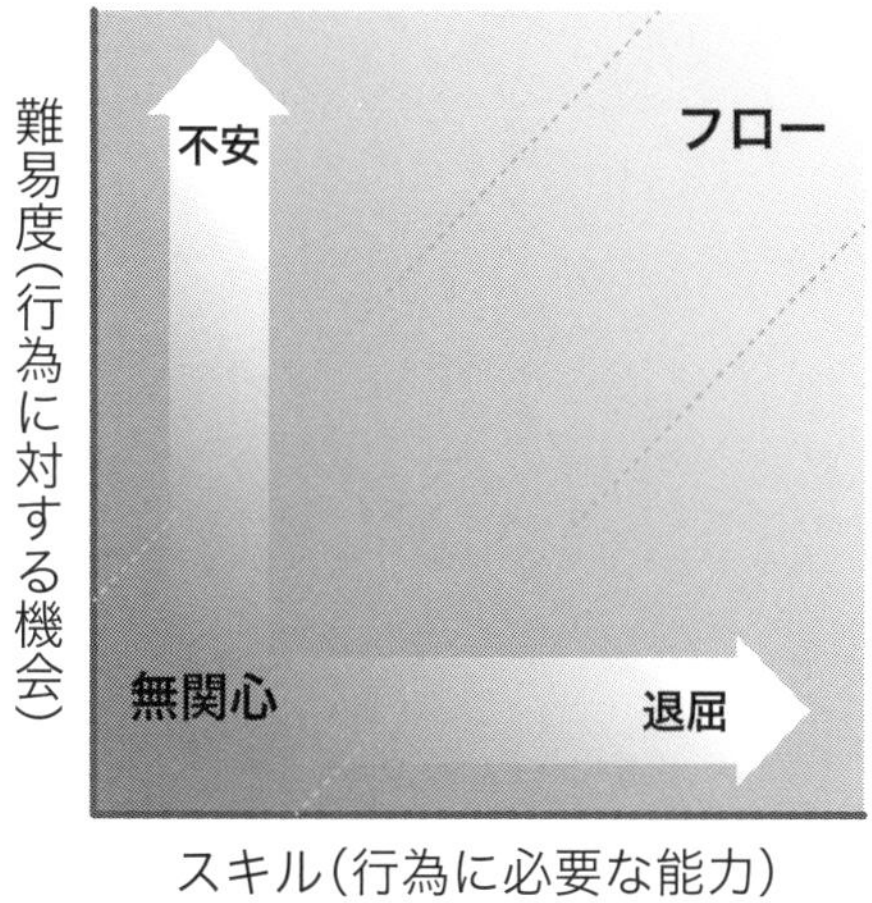

フロー状態のときの意思決定システムでは、外部からの刺激に対してアルファ波とシータ波が同時に出る状態だとお伝えしました。そのときの状態を示す、上の図をご覧ください。

これは、フロー状態というものが「不安」と「退屈」のちょうど間に訪れるということを示している、フロー理論における重要なモデル図です。この「不安」を取り除いて、落ち着ける状態をつくるために、自分の中に生じる感情を認知したり、全身のリラックス状態をつくったりするといったステップがありました。

ただし、ただ落ち着いているだけでは、

いわゆるボーッとした、退屈の状態になってしまい、これではフロー状態には入れません。そこで大切なのが、不安と退屈の中間の状態を保つために取り入れる「ちょっとした混乱」なのです。

混乱には、**シータ波を突き動かす役割があります。**シータ波は刺激の処理を行おうと反応する脳波です。

つまり、前章までで解説してきたステップはアルファ波のためのもの、そして本章での混乱は、シータ波を促すものなのです。

フロー状態に欠かせない混乱

混乱については、過去のフロー研究の中では以下のように重要性が裏付けされています。

フロー・ゲノム・プロジェクトの実証研究では、フロー状態に欠かせない要素として、次の3つが必要であることがわかっています。

- **新規性**
- **予測不可能性**
- **複雑性**

本書では、これらの重要な要素を統合した概念が、「混乱」です。

「取り組む作業のすべてがわかりきっている」「何が起きてもいつも通り」「驚きがない」という状態では、ボーッとしてしまったり、眠くなってしまったりして、十分なパフォーマンスを発揮できなくなります。落ち着いた状態の中にも、驚きや混乱、解釈しなくてはいけない刺激があるからこそ、アルファ波とシータ波が両方出た状態になり、その先に閃きのガンマ波が生まれるのです。

フロー・ゲノム・プロジェクトを率いるスティーヴン・コトラーは、著書『超人の秘密』（早川書房）の中で、フロー状態を保つ外的なトリガーとして「多様性のある環境」と「深い身体化」の2つを挙げています。

ここでは「多様性のある環境」に注目して、本章で解説するちょっとした混乱の有用性を考えてみたいと思います。

「多様性のある環境」とは、①新規性、②予測不可能性、③複雑性が同時に存在する状況のことをいいます。「新規性」は自分を取り巻く危険とチャンスのこと。「予測不可能性」とは、次に起こることがわからないときに、起こりうることに注意を払っている状態です。そして、「複雑性」とは多くの情報が一度に押し寄せてきている状況のことを指します。

断崖や雪山などの厳しい環境下で、危険度や技術を競う「エクストリームスポーツ」の選手たちの多くは、フロー状態を体験しています。彼らが競技に臨む山や川といった過酷な自然では、新規性、予測不可能性、複雑性が溢れています。

また、ジョージ・メイソン大学クラスノウ高等研究所のジェームズ・オールズは、「こうした反応を引き起こすのに、ビッグウェーブ・サーフィンも高い山に登ることも必要ないのです」

「自然環境で出会う新規性の代わりに、日常生活に新たなルーチンを取り入れるようにすれば、あなたの脳からもドーパミンとノルアドレナリンが放出されるのです」と言っています。

さらに不確実性は脳によるドーパミン放出を大量に引き起こす理由にもなります。このドーパミンの放出により、注意力とパターン認識能力が高まるのです。スタンフォード大学の神経科学者であるロバート・サポルスキーは『もしかして』「不確実性を意味する」というのは、他の何よりもやみつきになる」とも表現しています。

本章で解説する「ちょっとした混乱」もこうした考えに近いものです。さまざまな方法を紹介していますので、生活の中で取り入れやすいものを選んで実践してみてください。

適した混乱は人によって異なる

ただし、ここで注意が必要なのは、**何がちょっとした混乱になり得るかは、人によって、また状況によって異なる**ということです。自分だけのリラックス方法があったように、混乱をもたらす方法も自分だけの方法があるはずです。

例えば、目の前に大きな蛇が突然現れたとき、混乱する人もいれば、全く驚かない人もいます。都会育ちで、自然とほとんど触れ合ったことがない人であれば、蛇を見て驚くでしょうが、大自然の茂みの中で蛇やさまざまな動物とともに育った人なら、蛇が現れることなんて日常の一部にすぎず、それによって混乱することはないでしょう。

つまり、**自分に適した混乱を見つけ、それを取り入れる**ことが大切なのです。それでは、混乱にはどんな種類があって、どのように取り入れればいいのでしょうか。

いい混乱と悪い混乱

混乱は人によって違うということと合わせて覚えておいていただきたいのが、**混乱には「いい混乱」と「悪い混乱」がある**ということです。

まず、いい混乱とは何か。

私が仲の良い友人たち7人グループとランチを食べに行ったときの話をします。朝から久しぶりに友人宅で集まって楽しんでおり、お腹が空いたのでご飯を食べに行こうということで商店街に行きました。そこで、年季の入った看板を掲げる中華料理屋さんに入りました。メニューを注文しようと、厨房にいる年配のご主人を呼びました。


「チャーハンください」

「ラーメン？」

「チャーハンです！」

「ラーメン？」

「（大きな声で）いえ、チャーハンです！」

「はい、わかりました～」


こんなやりとりが7人分続いて、ようやくご主人は厨房に戻ります……。なんか嫌な予感（笑）。30分後、友人にご主人が持ってきたのは、やっぱり、チャーハンではなくラーメン！　そのとき、7人が一斉に吹き出してしまったのです。もう大爆笑。その後も、7人のうち半分くらいの人が注文した料理と違うものが来ていました（笑）。「私は大丈夫！」「全然違うじゃんそれ！」と、おかげさまでその大混乱が大盛り上がりに変わり、楽しい日になりました。そのときの友人たちとは、今でも会うとそのときの話で大爆笑。全員がフロー状態に入り、友人同士の結束を強めた楽しい思い出です。

ところが同じようなことが、忙しい仕事の合間に1人で行った中華料理屋さんで起こったらどうでしょう？　先ほどの大爆笑、大盛り上がりとは正反対に、「ラーメンなんて全然食べなくないよ」とモヤモヤしたり、間違えた店員さんに対してイライラしてしまったりしますよね。

この違いはなんでしょう？　ポイントは、人数の問題ではありません。その時間に**「つよい意図」があるかどうか**です。親しい友人たちとのランチには、「この時間を一緒に楽しみたい」「もっと仲良くなりたい」「みんなに楽しんでほしい」という意図が、意識せずとも存在しています。

さらに、仲の良い友人であればあるほど、フロー状態の土台となる落ち着いた状態でいられます。こうしたつよい意図をリラックスしてもつことができているときには、想定通りのことが起き続けるよりも、調子を狂わすようなちょっとした混乱がある方が、私たちの注意はより深く目の前のことに注がれるのです。アルファ波の上にシータ波が加わるというのがまさにこの瞬間です。

一方で、忙しい仕事の合間に1人で行くランチには、特段つよい意図がありません。そんなとき、こうした想定外の混乱が起きると、つよい意図によって手綱で繋がれていない感情という名の犬が、注意を分散させるかたちで走り出してしまうのです。

この悪い混乱を、思考が一生懸命に正当化しようとするために延々と中華料理屋さんのおじいさんに対する不満の気持ちが湧き上がってしまったりして、その後の仕事のノンフローもどんどん強化するループに入ってしまうのです。

このように、**作業に対してつよい意図をもっているときは、あえてそれにチャレンジしてくるようなちょっとした混乱をうまく取り入れることが重要**です。中華料理屋さんのご主人がくれたようなサプライズが偶然訪れるのを待つのではなく、自ら設計して混乱を自分に起こすことが、これからフロー状態に入ろうとするあなたに課せられた最後の、そして一番重要なミッションなのです。

混乱が意思決定システムを変える

スティーヴン・コトラーとジェイミー・ウィールは著書『ＺＯＮＥ　シリコンバレー流　科学的に自分を変える方法』（大和書房）の中で、天才的なパフォーマンスを発揮できる人に共通した能力が「相反する観点を持ち、その摩擦を使って新たな考えを組み立てられる」力だったという研究結果を紹介しています。混乱を取り入れることの醍醐味は、この摩擦を意図的に起こすことにあります。思いもよらなかった刺激が、ノンフロー状態の脳内構造である「意識による意思決定システム」を中断し、「無意識による意思決定システム」を生み出します。すると脳は無意識の扱う数十億ビットもの情報量の中から、全く違う知識や情報を結びつけて答えを出そうとして、閃きが生まれるのです。

ＮＩＫＥの共同設立者ビル・バウワーマンは、新しい靴のことを考えながら奥さんと朝ごはんを食べていたとき、「焼きあがったワッフルの凸凹を見て靴のソールを思いついた」といいます。一見全く共通点のないように見える考えと考えを、広い枠組みで捉えることで結びつけようと働く力を「**パターン認識能力**」といいます。

この創造のメカニズムを徹底して研究し、再現しようとしているのが、例えばＧｏｏｇｌｅなど社員の創造性を最大限に高めることにこだわる企業のオフィスです。受付ロビーや会議室などにさまざまな配色、デザインが施されており、階によってコンセプトを変えています。銭湯のような内装の作業スペースや竹が描かれた壁紙に緑のパーテーションを組み合わせた竹藪の中にいるかのようなスペースもあれば、トンネルのようなミステリアスな雰囲気が漂うミーティングルームなど、異なる種類の空間をたくさんつくっているのです。

白一色の壁に囲まれて仕事をするより、頭がいい混乱をする機会がたくさんあることで、閃きが何倍も生まれやすくなるのです。

「なんでこんなにカラフルなんだ」「なんで仕事場なのに銭湯なんだ」「なんで仕事場に卓球台があるんだ」と思われそうですが、これは単なる福利厚生ではなく、社員の閃きを突き動かすためにこだわり抜かれた創造的戦略なのです。

Ａｐｐｌｅのスティーブ・ジョブズは「創造性とは、ものをつなぐことにすぎない」と言いました。最大のパフォーマンスを発揮させるフロー状態の脳内で活躍しているのは、洗練されたパターン認識能力です。そのパターン認識能力を働かせるのが、「ちょっとした混乱」なのです。

3つの混乱を使い分ける

ここからは、手軽に取り入れることのできる3つの混乱を紹介したいと思います。ご自身の働き方や環境に合わせて、その時々の状況に応じて取れ入れてみましょう。

3つの混乱とは、次の通りです。

①思考の混乱
②感情の混乱
③身体の混乱

作業を始めようとしているときの自分の状態や、その状況下でできることが何かということに応じて取り入れられる混乱を選び、自分にいたずらをするつもりで楽しく仕掛けてみてください。

①思考の混乱

1つ目の混乱である「**思考の混乱**」とは、そのときの思考のパターンを見極め、それをあえて崩してくれそうな仕掛けをすることによって、フロー状態を強化するという作戦です。

見極めたい思考として、大きく分けて2つのパターンがあります。①思考が発散しているときと、②思考が1つのことに執着しているときです。それぞれの状態に応じて、パターンを一気に崩してくれる混乱をつくっていきます。

発散の思考パターンに効く混乱

1つ目は、**自分の思考が広く発散してしまっているとき**。こうしたときには、新たな情報が視覚や聴覚から舞い込み続けるような騒々しい環境ではなく、極力余計な情報のない場所を用意することが必要です。

また、このとき大切にしたいのが「**沈黙**」です。周囲の環境と、そして自分自身の沈黙を守ることが、分散した注意を集めることに役立ちます。具体的には、静かで個室に区切られた空間を探しましょう。例えば、カフェなら照明が明るすぎず落ち着いた雰囲気で、席と席の幅が広く用意されたお店がいいでしょう。自宅でも、キッチンやテレビなど他の行動を想起させるようなものや、そうした場所が目に入らない作業スペースをつくっておけば、発散した思考パターンを崩す「混乱」として重宝します。

時と場合によっては、移動ができないこともありますよね。「オフィスではいつも決まった席に座っていなくてはいけないので、1人の集中空間に移動ができない」なんて人もいらっしゃると思います。そういうときは、ただ**視界に入るものを絞る**という工夫だけでも十分有効です。自分の机の上に置いてあるものをすべてしまい、頭が動かないように姿勢をまっすぐ固定し、どこでもいいので一点「ここを見つめる」と決めたものをじーっと見つめます。パソコンを使った仕事をしていたら、その画面の中心一点でもいいです。会議など誰かの話を聞いているときであれば、その人の目や、恥ずかしければネクタイの結び目のようにわかりやすい一点を決め、とにかくそこに1分ほど自分の視線をグッと集中させるのです。実際、ネクタイだけに視線を集めてもネクタイしか見えなくなるということはなく、どんなに一点に集中しても周辺視野で全体像は勝手につかめるので大丈夫です。

そのときの状況に合わせて、現実的にできることをコンパクトにでも実践する。第3章のリラックスについても、第5章のフィードバックについても、同じことを強調しました。いつでもどこでもフロー状態に入るためには、小さくても現実的にできることをするのです。それによって、脳が「OK、あの状態ね」と気づいてくれるきっかけさえ作れば、どんなにコンパクトでも同じ効果が得られるのだと覚えておいてください。

執着の思考パターンに効く混乱

反対に、どれだけ考えても何もアイデアや解決策が浮かばなかったり、1つの考えにとらわれてしまったりして、それ以上に発想が広がらない場合には、**たくさんの情報をシャワーのように一気に浴びられる**ような仕掛けをしましょう。

自分が処理できないくらいの情報量に一気に触れることで、凝り固まった思考パターンがほぐれ、その切り替わりの瞬間に閃きが訪れるのです。

例えば、そのときに考えていることに関連する情報をひたすらネット検索で集め、プリントアウトして机や壁、パーテーションなど目に見える場所を情報で埋め尽くすように貼ってみたり、さまざまな年齢層の人たちが話している騒がしい場所に移動したりすることで、雑多な情報を一気に視覚・聴覚に取り入れていきます。

このように、**普段の環境とは異なる場所に行ったり、普段耳にしない話題を聞いてみたり、自分の予測しないことが起きるような環境に身を置く**のです。

私が行っているコンサルティングの案件では、多くの場合企業の経営陣から依頼を受けます。依頼を受ける際は、「会社の文化を変革したい」「ビジョンを浸透させたい」といったことが経営者視点の課題意識として、経営者の用いる言葉で語られます。

経営者の方とお話しをしていると、当然私の思考もどっぷり影響を受けます。一般社員には聞きなれないような抽象度の高い言葉で頭がいっぱいになり、アイデアの広がりにも限界がありました。そこで、あえてビジネスとは正反対の女子高生がたくさんいるスターバックスに行ってみました。

執着した思考に対し、一気に新しい情報のシャワーを浴びさせてくれる環境に身を置いて、混乱を取り入れるのです。

すると、例えば「ビジョン」「自律性」「モビリティ」などの固いキーワードでいっぱいになっていた頭の中に、隣にいる女子高生たちの会話から「抹茶クリームフラペチーノがいかにやばいか（おいしいか）」というような情報が、ふと舞い込んできます。女子高生同士の他愛もない話、と思って耳をふさいでしまえばそれまでですが、ビジネス用語や経営者の視点だけで頭の中がいっぱいになっていた私にとっては、人によって「どんな言葉で喜びを分かち合いたいのか」「何について考えているときに幸せを感じられるのか」が多様であることに気がつくことができ、**一気に思考が自由になりました。**この瞬間、1つの思考パターンに基づいた分析を繰り返していた「意識（126ビット）の意思決定システム」から、「無意識（数十億ビット）による意思決定システム」に切り替わり、大量の情報量の中からアイデアを閃くことができるのです。これが、フロー状態による成果です。

コンサルの案件における私のつよい意図は、「この会社を経営者の望む最高の会社にしたい」「社員の自己実現を支える会社にしたい」というものです。

その意図に対して、女子高生がスターバックスで延々と続けていた会話や言葉は、まさに閃きを突き動かすフロー状態に私を導いてくれました。その結果、それまで3日間ぐらい悶々と悩んでいた提案の内容が、パソコンのタイピングが追いつかないほどにドンドン浮かんできて、たったの30分で出来上がりました。

大切なのは、頭に入る情報の種類をガラッと変えること

環境を変えることによって思考パターンに刺激を与える例を紹介しましたが、大切

なのは働く場所を変えることそのものではなく、**頭の中に入る情報の種類をガラッと変えること**です。

仕事の提案などから少し例を変えると、人をノンフロー状態に導いてしまう大きな原因として「人間関係に悩んでいるとき」が挙げられます。

「なんであの人は怒っているんだ」
「自分はどうすればよかったのか」
「なんであの人を怒らせてしまったのか」
「相手が悪いのか、自分が悪いのか」

人間関係の悩みは、一度ノンフロー状態に入り込むとなかなか解放してくれません。

こんなときにも、思考パターンに混乱をしかけることで、延々と悩んでいた「モヤモヤ」から、解決のアイデアが生まれるフロー状態に入り、「スッキリ」に変わることがあります。

そのとき、混乱の1つとして有効なのが、**スマホなどで最新のニュースに目を向けることです**。思考が自分の身近な人との人間関係という小さな範囲に止まってしまっている場合は、あえてスケールを大きくした国際関連のニュースを選びます。

例えば、中国とアメリカの微妙な関係や、EUとイギリスの間にある緊張関係など、国と国という大きなスケールのやりとりに目を向けてみる。すると、さっきまで悶々と悩んでいた自分の身近な人間関係とはスケールが違いすぎる情報が飛び込んでくるからこそ、思考パターンが一気に広がるのです。

「そうか、中国とアメリカの確執ってこういう構造なんだ」「スケールは全然違うけれど、私の状況に当てはめてみると……」と、袋小路に入っていた分析思考を打破できるのです。

そのときに私の中には、「本当は相手と気持ちのいい関係でいたい」というつよい意図がありました。出来事が生んだ感情に導かれて、視野の狭い思考分析ループにはまるのではなく、まったくスケールの違うものに触れるというちょっとした混乱をしかけることでフローの扉を開けられるのです。

②感情の混乱

2つ目の混乱は、「**感情に働きかける混乱**」です。

フロー状態に入るための最初のステップでは、そのときに湧き上がっている感情の奥にある「つよい意図」を見つけるということをしました。最後のステップ「混乱」で扱う感情は、こうして見つけた意図に対して現在湧いてきている感情のことです。

どういうことか、具体的にみていきましょう。

感情が注意に与えている影響を知る

「この新規事業の企画書を通して、会社の新しい成長軸をつくるんだ！」

「この大会で優勝して、オリンピック出場権を手に入れるんだ！」

「今夜の後輩とのディナー、悩みを抜け出す切り口を必ず見つけてあげたいな」

このように自分のもつつよい意図に気づき、活動に向かうとき、その時々の自分の状況や体調などによって、同じ意図に対してもどのような感情がそれをサポートしているかは違ってきます。

鼓動が高まるような燃え上がる感情。反対にほとんど何も感じずボーッとした鈍い感情。その間にも繊細なグラデーションがあります。今上天皇が平成最後の天皇誕生日にされたスピーチに滲み出たような慈悲や感謝の気持ちもあれば、腕を激しく振りかざし、眉間にしわを寄せて話すトランプ大統領のような義憤に駆られるような感情もあります。Ｎｅｔｆｌｉｘの『テラスハウス』に出演する芸人の南海キャンディーズ山里亮《やまさとりょう》太《た》さん（山ちゃん）のように、出来事をケラケラと面白がるリズミカルな感情もあります。

どんな感情でも、注意をどこかへ注ぐ原動力になることは変わりませんが、その感情の種類によって、注意の焦点が微妙にずれてきます。例えば悲しみの感情は、物事の解決策を考えたりすることよりも、過去にすでに起きた出来事に注意の焦点を置きがちです。逆に、目指す結果への情熱が溢れすぎても目の前の消化すべきタスク（詳細）に注意がいきません。

フロー状態に入るために求められるのは、つよい意図の実現に向かう過程の細部へのきめ細かな注意力です。フロー提唱者のミハイ・チクセントミハイはこのように結果や報酬以上に過程そのものを楽しめる心持ちのことを「自己目的的」と言い、フローの構成要素としてあげています。このタスクが終わる3時間後、あるいは1週間後といった目先の結果を見ることだけに強い情熱があると、気持ちが焦って、今この瞬間に考えようとしている課題や作業から注意が削がれてしまうことがあります。

意図に対して今この瞬間の感情が自分の注意をどこへ引っ張っているかということに応じて、感情を調整することで、フローに最適な注意の状態をつくることができます。早速そのための「混乱」のつくり方を紹介しましょう。

対極にある感情へ導く

「Let's be uncomfortably excited（不快なほどにわくわくしよう！）」という言い回しがあります。Ｇｏｏｇｌｅの創立者ラリー・ペイジの言葉です。

「uncomfortable」という一見ネガティブな感情と、「excited」というポジティブな感情、この相反する２つの感情が同時に出現するときに、創造性が発揮されるのです。

意図へ向けた現在の自分の感情に気づいたとき、フロー状態に入るためにできることは、**今の感情とは対極にある感情のパターンを取り入れ、混乱させること**です。例えば、もたらしたい結果への前向きな情熱が溢れすぎていたら、逆に少し後ろ向きで前に進むことに対し慎重になってしまうような気持ちになるきっかけを与えてあげる。相反する感情を取り入れるのです。

そのきっかけを与える手段は、さまざまです。例えば、次のようなものが考えられます。

音楽を聴く

もたらしたい結果への前向きな情熱が溢れすぎた気持ちのときは、あえて真逆のゆっくりしたテンポで低音が主体となる優しい音楽を聴きます。私がそういうときによく聴くのは、世の中への失望感に溢れた暗い曲や失恋ソング。ちょっと悲しめのピアノ演奏やオルゴール曲もいいでしょう。逆に、意図に対して今日はなかなか意欲が湧いてこないというときには、アップテンポで気持ちを高めてくれるような明るく力強い音楽を聴きます。

動画を観る

あまりに真面目すぎたり深刻に考えすぎてしまっているとき、私はミスタービーンのような海外のお笑い番組をＹｏｕＴｕｂｅで観ます。ちなみに「笑い」という感情の混乱は、仕事や学習など真面目で深刻な気持ちになりやすい環境下でのフロー状態にとても有効で、ユーモアのセンスが高い学長がいると、その大学の学生はフロー状態に入りやすいという研究も出ています。

本を読む

怠惰な気持ちになっているとき、それとは反対の強い気持ちを奮い立たせるストーリーを読みます。テスラとSpaceX双方のCEOを務め、多忙な日々を送るイーロン・マスクも、ファンタジー作品の古典『指輪物語』など、インスピレーションを得るための読書を欠かしません。私も、会社の文化変革コンサルティングにおいて想いがいまいち湧かないときには、そのまま仕事を続けるのではなく、自分が憧れているパタゴニアやザッポス、かんてんぱぱで有名な伊那食品工業などのカルチャーについて語られている本を手に取ります。本から受けとるインスピレーションによって感情のコンロにカチッと火が灯り、その切り替わりの瞬間にフロー状態に入れるのです。

人と話す

感情は人からも影響を受けます。楽しそうにしている人に会えば楽しい気持ちになるし、情熱的な人に会えば情熱が湧いてくる。逆に、ローテンションでやや悲観的な人に会えば落ち着いた気持ちになれる。この影響力をうまく借りて、自分の気持ち、ひいては注意のコントロールに活用してもいいでしょう。

環境を使う

思考パターンを変えるために目や耳に飛び込む情報を変える。そのために環境を変えるということをお話ししましたが、環境は感情にも大きく影響します。例えば、木目調の家具にソファが置いてあり、優しいオレンジ色の光で包まれた空間に行けば、自分の気持ちも穏やかで優しくなります。反対に、鮮やかな原色系の色使いで壁がポップにデザインされているような場所では興奮してきたり、壁一面真っ黒でミステリアスな小物が置かれているような場所に行けば、なんだかゾクゾクした気持ちになりますよね。

思考と感情と身体、それぞれの状態を見て、すべてにおいて刺激を用意する必要はありません。3つのうちどれか1つ気になったものを狙って、現実的に今取れそうな手段を用いて「混乱」を仕掛けてみてください。何度もお伝えしているように、**混乱によってこれまでのパターンから新しいパターンに切り替わるそのちょうど間に、フロー状態は隠れているのです**。この習慣をつくってみてください。

③身体の混乱

3つ目の混乱は、**「身体に働きかける混乱」**です。

身体に混乱をもたらす方法を紹介する前に、まずは「身体に働きかけるってなに?」「なぜ身体が大事なの?」について説明したいと思います。身体の状態や動かし方と脳の関係について見ていきましょう。

身体の状態や動きが脳に影響を与える

身体と脳の関係について、多くの人が「脳が身体に向けて指令を送る」と捉えられているのではないでしょうか。例えば、次のように。

道の向こうから自転車が走ってきたら「危ない! 避けて!」と、脳から指令が送られ、身体が道の脇に避ける。自信があるときには自然と肩が開き胸を張り、逆に不安な気持ちを守ろうとしていると背中が丸まったり顔を赤らめたりしてしまう。こうした場面を振り返ると、脳の指令が身体を動かしているということを実感できます。

しかし、身体と脳の関係は、決して脳から身体への一方向ではありません。身体の状態や動きが脳に影響を与えるという逆の事実もあるのです。近年の身体性認知の研究によってこの事実がますます明らかにされ、身体やその感覚への働きかけ方を知っていくことの重要性が叫ばれています。

具体的には、姿勢や顔の表情、重心のバランス、柔軟性など身体の秩序を自分で調整するということです。TEDトークで注目を集めたハーバード大学の心理学者エイミー・カディの「パワー・ポーズ」の研究も、身体の調整が心理に影響することを実証しました。両手を腰に当てて肘を大きくはり、地面を踏み締めて立つ姿勢を2分間続けることで、以前より思い切った行動を繰り返しとれるようになったそうです。自信やストレスに関係するホルモンの分泌量にも変化がありました。このように、身体への働きかけが、フロー状態のカギを握る注意の統制に直結するのです。

身体に混乱を与えるフロー導入装置

では、身体に混乱を与えるということがどういうことなのか、少しエクストリームな方法から紹介し、普段の生活でもできる現実的な方法についても提案しましょう。

アメリカ海軍の特殊部隊・Navy SEALsをご存知でしょうか。彼らは国際テロ組織の襲撃作戦など、最も難易度が高く危険な仕事をチームでミスなく成し遂げることが求められます。極限の状態でも瞬時に的確な意思決定をするためにはチーム全員が仕事の間常にフロー状態でいる必要があり、そのために彼らは日々特別な訓練を行っています。その訓練施設の1つに、「マインド・ジム」という、脳と身体を鍛えるための世界最先端の技術が集められたジムがあります。

その施設の一角に、「アイソレーション・タンク」という卵型の装置があります。タンクには、ちょうど人間の体温に等しい温度に設定された塩水が入っています。ここで数時間、真っ暗闇の中で浮かんで過ごすことで、人間の身体感覚が遮断されま

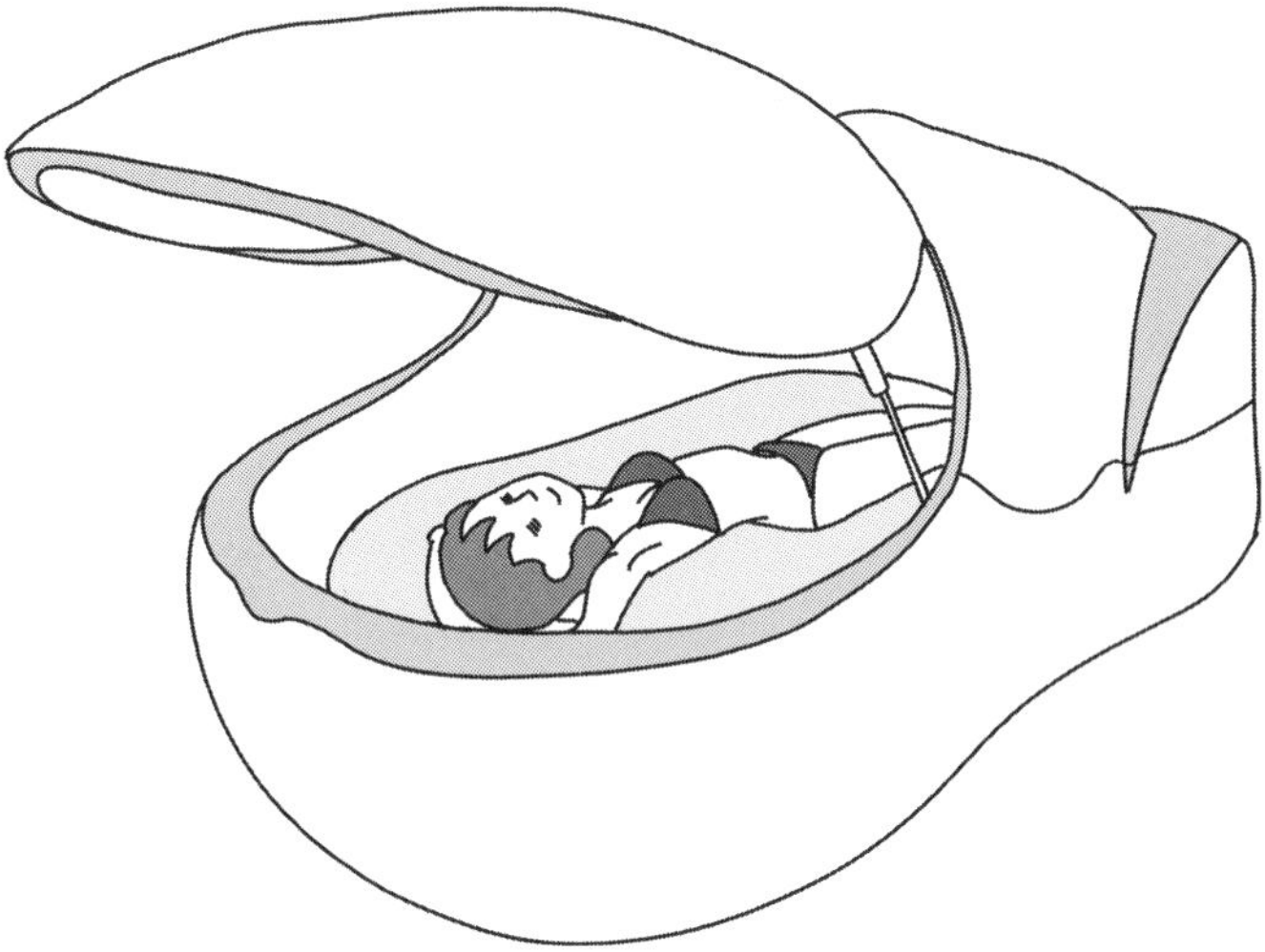

アイソレーション・タンク

す。身体の感覚が遮断されることで、脳が「自分」という存在や外界との境界線を認識できなくなり、作業の目的だけに注意を一点集中できるようになるのです。この装置はアメリカの国立衛生研究所の研究者であったジョン・リリーによって発明されました。日本にも数カ所この装置を扱っている特殊なサロンがあるので、興味がある方は実際に体験してみてください。

もう1つ、フロー・ゲノム・プロジェクトから生まれたフロー道場に設置されたちょっと変な装置「ルーピング・スウィング」を紹介しましょう。

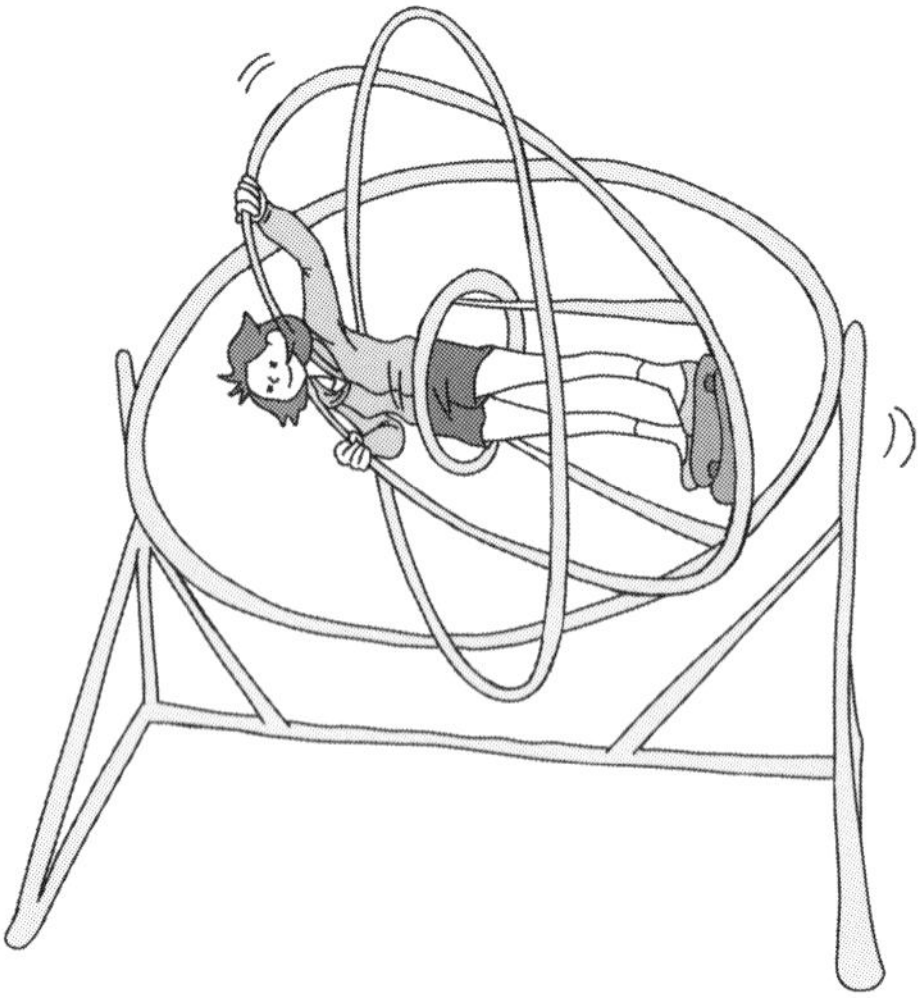

ルーピング・スウィング

こちらも最新のテクノロジーを活用することで、シリコンバレーの経営者たちをはじめとし、アスリート以外の一般の人たちをフロー状態に導入することを目指して開発されました。ルーピング・スウィングとは巨大なブランコのことで、地上6メートルの高さで縦に宙返りしたり、横方面にくるくると回転したり、斜めにねじるように回ったりします。こちらも同様に、これまでの身体感覚を一度壊すことによる脳内の調整を図るという仕掛けです。思考の状態、感情の状態に混乱をもたらして既存のパターンを壊したように、身体の状態にも混乱をもたらし既存の感覚を一度壊すことによって、フロー状態を生み出すのです。

しかしながら、アイソレーション・タンクやルーピング・スウィングはさすがに大掛かりで、今のところ日常的に使える有効な手段にはなりませんよね。それでは、身体への混乱をもっと身近に与えられる現実的な方法を紹介しましょう。

混乱の秘訣は、重力を揺さぶること

先ほどの2つのフロー導入装置には、身体への混乱を効果的にもたらすために共通する秘訣があります。その秘訣とは、「**重力を揺さぶる**」ことです。身体を浮遊させる塩水や、身体と水の境目を錯覚させるちょうどいい温度調整によって重力の感じ方を変えるのです。複雑に入り組んだ回転運動によって身体の中で、こちらも重力を感じる部位を次々と変えていったり、広げたり、なくしていったりします。この重力の揺さぶりこそが、トップレベルのアスリートの多くがフロー状態に入る秘訣として過去の複数のインタビュー調査で口にしたことだったのです。

私たちにとって一番身近な例で、体内における重力の揺さぶりが周到に設計された活動にヨガがあります。太極拳や、多くの武芸も同様に、身体にさまざまなバランス感覚を与えるポーズや動きが用意され、注意の統制を図ります。好きなときに手軽に通えるような教室や、あるいは1人でもできる方は部屋の中に簡単にスペースをつくって作業を始める前に10〜15分でもポーズをとることをオススメします。教科書通りのヨガでなくても、逆立ちやでんぐり返しをしたり、バランスボールの上で転がってみたり、普段とは違う姿勢や動きをいくつか取ることができれば効果があります。

他にも、重力を変える効果のある、水を使うことも効果的です。私自身は、フロー状態に入るための自分の一番好きな習慣として、時間があるときには朝近くのプールへ30分ほど泳ぎにいきます。よく、ダイビングやサーフィンでのフロー体験も報告されますが、水やそれが起こす波は簡単に自分の重力に大きな揺さぶりを与えてくれます。近くにプールがない、面倒くさい、という場合は家でお風呂に入ることでも似た体験をできます。入浴にはリラックスの効果もありますが、重力を揺さぶるというまた別の効果もあるのです。

3つの混乱

❶思考の混乱

発散しているときは沈黙、発想が広がらないときは頭に入る情報の種類を変える

❷感情の混乱

音楽、動画、本、会話、環境の変化などを用いて、最適な注意の状態をつくる

❸身体の混乱

重力を揺さぶる。専用の機器を使ったり、ヨガや水泳を利用する

身体を動かす家庭用ゲーム機やVRを用いた最新機器などで同じように身体のさまざまなバランス感覚を試せるようなゲームがあれば、時間を決めて思いっきり遊んでから作業に取り掛かるといいでしょう。このように、アイソレーション・タンクやルーピング・スウィングに代わる、もっと手軽で、あなたの好みにあった方法を探して身体への混乱をつくってみてください。

思考の混乱、感情の混乱、身体の混乱。

3つの混乱を起こす方法を紹介しましたが、「フローの最後のステップで、こんなにもたくさんのことを考えなきゃいけないのか……」とは、思わないでください。それぞ

れの混乱をどう設計するかという観点だけでも、みなさんの頭にインプットいただいた上で、実際に取り組むのは一度に3つすべてではなく、どれか1つだけで十分です。でないとちょっとした混乱じゃなくて大混乱になってしまいますから……！

思考なのか、感情なのか、身体なのか。作業を始めようとしているときの自分の状態に大きく影響を与えていそうなもの、あるいはそのときの状況下で現実的にできることが何かということに応じて取り入れられる混乱を選び、自分にいたずらをするつもりで楽しく仕掛けてみてください。

第7章

フロー状態に入る「魔法の集中術」の使い方

魔法は使うタイミングが重要

「フロー状態で仕事をしたい」「フロー状態で過ごしたい」そんな願いに応えるために、ここまでフロー状態に入るためのステップを紹介してきました。本書の目的は、「フロー状態に自ら入ることを支援する」ということもあります。さらに、その奥にあるつよい意図として、フロー状態に入る魔法の技術を通じて「みなさんに幸せな毎日を送る達人になっていただく」ことを切に願っています。

本書の意図を果たすため、最後に、この魔法の集中術を「いつ使うべきか」という考え方についてお伝えさせてください。

最初に一番大切なことを申し上げます。**「いつ何時も、すべてのことにおいてフ**

ロー状態に入る」ということを目指さないでください。特に「フロー状態に入らなくては」とこだわりすぎてしまうと、あなたからフロー状態は遠のいていきます。「フロー状態に入ること」自体はステップ①で述べた「なんちゃって意図」であり、フロー状態に入ることを通じて叶えたいピュアな願いに気づかない限り、注意は散漫になるばかりだからです。

すべての事柄には光と陰の両面があり、フロー状態も同様です。学習能力や創造性を高め、あなたのパフォーマンスを3倍にも突き上げることのできるフロー状態ですが、その影の側面も知っておくことが、フロー状態の恩恵を正しく受けることに繋がります。

本章では、これまでお伝えしてきた魔法の集中術の使い方と、それを使う理想的な環境について解説します。

フロー状態の陰の面

フロー研究者たちは、長年の研究と実践を通じてフロー状態の素晴らしさを語るとともに、「フロー状態が起こす弊害」についても同時に指摘しています。

かつて第一線で活躍したスポーツ選手が、薬物やアルコール依存症になってしまうといったケースを一度は耳にしたことがあると思います。スポーツ選手が第一線で活躍しているとき、自分の持てる最大限の能力が発揮される深いフロー体験を味わいます。フロー体験は、味わえば味わうほど「もう一度あの感覚を」という意欲も強まり、ひいてはそれが「フロー依存症」に発展してしまうことがあるのです。フロー状態に依存すると、「フロー状態を得られない」ことがだんだんストレスに感じるようになり、お酒や薬物のように、もっと手軽に似たようなエクスタシスを体験させてくれるものに頼るようになるのです。

フロー・ゲノム・プロジェクトの調査では、お酒や薬物、娯楽やセックスまで、フロー状態のような感覚をより手軽に得るためにアメリカ人が費やしている費用を計算すると、年間4兆円にも上ることがわかりました。つよい意図があるからフロー状態に入るのではなく、フロー状態に入ることそのものが意図になってしまっていると、一時的な興奮のために多くのお金や体の健康、倫理感や理性までを売り払ってしまうことがあるのです。

フロー状態に入れば、幸せな感情をもたらすホルモン物質が分泌されるとともに、疲れを感じなくなります。しかし、これは「疲れていない」ということではなく、「疲労に注意が向かないほどに目の前のことに集中している」ということで、実際にはフロー体験には多くの心身のエネルギーを使っています。

フロー状態に入ると、脳内では、意識ではなく無意識を活用した意思決定システムが作動することをお伝えしました。ベータ波の代わりに、アルファ波とシータ波で脳波が固定され、やがて閃きを生み出します。

しかし、この状態ばかりが続いたらどうでしょう。ベータ波、すなわち理性を働かせる脳の前頭前野が止まってばかりいたら、**物事を論理的に分析・思考をする能力が弱まってしまう**ことは容易に想像いただけると思います。

フロー状態に入る際には分析・思考は邪魔者扱いですが、実は分析・思考の習慣は、フロー状態のときにより優れた閃きを導き出すことに大きく貢献しているのです。新しい情報を得た際にそれを論理的に分析して、知識や考えを体系立てることを習慣的に繰り返すことで、整理された質の高い情報が無意識の中に蓄積されます。**いざフロー状態に入ったときに、上質で豊富な情報にアクセスできるようにするためには、ベータ波を生む思考の時間をとることも欠かせない**ことなのです。

魔法を必要とする作業を見極める

ノンフロー状態の時間も、現実には必要な時間であることをご理解いただけたら、これからやることは、**1日の中のどの作業に「魔法」を使うかを決める**ことです。言い換えれば、「これはフロー状態ではなく、ノンフロー状態でやってもいい」という作業もきちんと決めるということです。

両者を見極めるヒントに、次のページの図を用意しました。

縦軸が作業にかけるエネルギー、横軸が作業の重要度をあらわしています。同じ重要な作業だとしても「今日こそは成果を出すとき!」とエネルギーをかけたいとき（勝負時）と、「今日はまだゆっくりでいい」というときがあります。何の思い入れも

4種類の作業

ない面倒くさい作業は、「テレビでも見ながら適当にやろう」と割り切って省エネでやることもあれば、「さっと終わらせよう！」とエネルギーをかけてがんばるときもありますよね。これらの作業のタイプを4象限に分けました。

① **重要かつエネルギーをかける作業＝フロー状態を目指すもの**
② **重要でないがエネルギーをかける作業＝マイクロフローを目指すもの**
③ **重要だけどエネルギーはかけない作業**
④ **重要でなくエネルギーもかけない作業**

1日や1週間のスケジュールの中で、

それぞれの作業が4つのうちどれに当たるかを見極める習慣をつけてください。1日のすべての作業をフロー状態で進めようとするのではなく、フロー状態で行う作業と、そうでなくて良い作業の両方をあらかじめ決めるのです。

重要でないがエネルギーをかける作業=マイクロフローを目指すもの②

フローには、その程度によって2つの種類があります。それが「マクロフロー」と「マイクロフロー」です。マクロフローとは、前章までで解説してきた完全なるフロー状態のことです。本書の5つのステップは完全なるフロー状態を目指すもので、マクロフローのことを指してフロー状態と表記してきました。

一方で、マイクロフローは、その名の通り「小さなフロー状態」のことです。

第4章で、私がチラシに日付を書き込み続けた作業の話をしました。チラシに日付を書き込む作業は、私にとって特段つよい意図がない、重要度も低い作業です。ただ、こうした作業でもグッとエネルギーをかけて、高パフォーマンスを出すことで一気に終えたいときがありますよね。

このように、重要度は低いけれどもエネルギーをかける作業については、マイクロフロー状態を目指すという選択肢があります。

マイクロフロー状態に入ることは、フロー状態に入るよりも簡単です。前章までで解説したステップのいくつかを整えるだけでよいのです。

注意の原動力となるつよい意図や混乱がなくても、リラックスをして、手順をイメージし、フィードバック体制をつくるだけでもマイクロフローは入ることができるのです。

重要だけどエネルギーはかけない作業③

重要だけどエネルギーはかけない作業とは、今はまだゆっくりと時間をかけていてよい、まだ最高の成果を出す必要がない段階にある作業です。**ここでは、フロー状態を目指さず必要はありません。**

これは一般的な意識を用いた意思決定システムにより、ゆっくりと分析・思考を積み上げていく時間です。いざ勝負をかけてフロー状態に入って作業をするときに、いい閃きをもたらす情報を蓄積していく時間でもあります。

私が本書を執筆する際にも、このようにフロー状態に入る時間とそうでなくていい時間を分けました。執筆は私にとってとても重要な作業ですが、段階に応じてエネルギーのかけ方が変わります。

本書執筆の主な段階

①章構成を考える
②追加リサーチを含め必要情報をかき集める
③情報を編集し、構成を詳細に決める
④執筆する

この一連の段階は、どれも重要な作業です。しかし、この中で本当に勝負をかけるべきは私にとっては③と④でした。③は本書の詳細の文章構成を「決める」ところだったので、最上質な意思決定ができる状態を必要としました。④も、実際の文章こそが最後に読者のみなさんに直接届くものなので、最大限のパフォーマンスを必要としました。フロー状態で行えるよう、なるべく時間を区切ってスプリントで取り組みました。

ところが、「①章構成を考える」作業や「②追加リサーチを含め必要情報をかき集める」作業は、洗練された意思決定が必要な段階ではなく、とにかくたたき台としての構成案と、執筆のアイテムとなる情報を集めるだけです。ゆっくり思考をしながら、エネルギーをかけすぎずに行いました。フロー状態に入る必要がないので、1日丸々使うなど、長時間単位のスケジューリングも可能でした。

このように、つよい意図をもった重要な作業でも、段階によってフロー状態で行うか否かを分けて計画することができるのです。

重要でなくエネルギーもかけない作業（④）

「重要でなくエネルギーもかけない作業」というと、取り組む必要のない作業のように思えます。まさにその通りで、そもそもこういう作業はいかに無くしていくかということが重要です。

それでも、どうしても避けられない面倒くさいだけの作業ってありますよね。

例えば、経費精算や、あまり頭を使わない事務的な書類の記入などが考えられるでしょう。

こうした作業は、多少注意が散った状態でもＯＫ！　と割り切るのです。自分にとって別の楽しいこととセットにしながら、半分の注意力でゆるゆると行うことで、作業への嫌悪感を軽減するのも手です。

ＹｏｕＴｕｂｅで動画や音楽を流しながらやったり、おいしいごはんを食べながらやったり、お気に入りのカフェでやったり、たまに顔を上げて同僚と雑談しながらやったり。注意の集中よりも、なるべく気持ちが乗る工夫の方を優先します。

「それでも経費精算って間違えたら大変なことに……」と思われるかもしれませんが、それはとりあえず適当に打ち込む時間と、最終的に注意して確認する時間といったように、さらに段階を細分化することで解決します。前者の作業中なら、気が散っていてもＯＫと決めるのです。

楽しいことと並行するということ以外にも、「できることなら先に済ませる」ということもポイントです。こうした重要度もエネルギーも高くない作業が後ろに控えており「後であれをやらなきゃ」と思っていることが、注意の阻害に繋がることがあるからです。「やらなきゃいけない」という気持ちが意識を阻害していることに気づき、かつそれがすぐに取りかかれることであれば、先に済ませてください。

こだわりたいことは、**いかに〝適当にやれる作業〟と、〝フロー状態でやるべき作業〟とをはっきり分けていくか**ということです。最高のパフォーマンスをここぞというときにピンポイントで発揮できるよう、意図的に適当にやる時間を設けて、いざフロー状態に入るためのエネルギーを温存するのです。

あなたのフロー状態を支援する組織や家族の在り方

本書で解説してきたフロー状態に入るための5つのステップは、どのような環境にあっても、あなた個人が取り組める方法になっています。その上で、もしも、あなたがこの魔法の集中術を実践するにあたって、周囲の組織や家族から支援を得られるとしたら、いったいどのような支援が理想的でしょうか。

例えば身体の混乱をつくるとき、ちょっと手間はかかりますが、私にとっては「泳ぐ」ことが一番効果があります。期日の迫った重要な仕事をする日こそ、フロー状態に入れるようプールへ泳ぎに行きます。もちろん、出勤時間前に泳ぎに行ったり、あるいは平日日中でもメンバーに黙ってこっそり行ったりすることもできます。でも、理想はたとえそれが平日日中だったとしても、躊躇いなく「今から泳いできます！」と言いたいですよね。実際、有り難いことに弊社ではそれが可能なため、心置きなく自分なりのフロー状態づくりに取り組むことができます。

仕事で最高のパフォーマンスを発揮するフロー状態に入るためには、それぞれ個人に合った働き方や準備の仕方がある。そのことを、できれば自分の所属する組織や家族に理解をしてもらえたら理想的ですよね。

そこで最後に、個人のフロー状態を支援する望ましい組織の在り方について紹介します。あなたらしい5つのステップを習慣として続けていくために、周囲にどのような支援を求めることができるのか？　ということの参考にしてみてください。

もしもあなたが、個人のフロー状態の実践者でありながら、組織や家族のメンバーのフロー状態も促したいと思っている、あるいは促せる立場にあるという場合には、以下に挙げる支援の方法を積極的に他者のために実践してみてください。

作業と作業の合間の「余白」や「遊び」の価値

まず、組織の立場として一番大切なことからお伝えします。

第6章までの5つのステップは、フロー状態に入るために、作業を始める前の準備として時間をとって行うべきことでした。しかし、作業の前に「準備をする」ということの重要性は、まだまだあらゆる組織で見過ごされがちです。

「とにかく早く作業にとりかかりなさい」
「遊んでいないで仕事をしなさい」
「10分でも1時間でも多く働く人が偉い」

周囲からこうしたプレッシャーを感じると、作業前に準備の時間をとろうという発想そのものがわきません。しかし、組織コンサルティングという仕事柄、たくさんの会社を訪問していて、**成長率の圧倒的に高い会社や、社員が生き生きと働いている会社ほど、経営陣が「作業以外の時間が生み出す価値」に目を向けている**ことに気がつきました。

日本で初めてディープラーニングを専門的に取り扱い、Ｇｏｏｇｌｅが日本発ベンチャーでは初めての戦略的投資をして急成長を遂げる株式会社ＡＢＥＪＡでは、社長の岡田陽介さんをはじめとし経営陣のみなさんがよく**「余白」と「遊び」の価値**を強調されています。一見遊びのように見える、仕事とは全く関係のないことのために使える時間を大切にし、いい混乱を自分に取り入れながら仕事をすることが、結果的には最大の創造性に繋がるのです。

完全オーダーメイドのオリジナルウェディング事業「CRAZY WEDDING」を展開する株式会社ＣＲＡＺＹでは、経営ミーティングをサウナに入ってからやることもあるそうです。「サウナに入ってからミーティングをすると、深い議論ができる」と話していました。オフィスの外に飛び出して、外の世界のあらゆる環境や機会を仕事に活かす大胆さと自由さが、パフォーマンスの質を高めるのです。

書籍『ジョイ・インク 役職も部署もない全員主役のマネジメント』（翔泳社）で世界的に注目されたメンロー・イノベーションズという会社では、朝のスタンドアップミーティングを全員海賊のカツラを被って行います。パタゴニアでは、仕事の合間に自由にサーフィンを楽しむことができます。Ｇｏｏｇｌｅ、Ｍｉｃｒｏｓｏｆｔ、Ａｍａｚｏｎ、メルカリなど注目のＩＴ企業のオフィスには必ずといっていいほど多様なスペースが用意され、仕事以外に遊び・食事・睡眠・ヨガなどができるようになっています。

一流のテニス選手は、試合時間の65パーセントをプレー以外の時間に当てることでフロー状態をつくりだす準備をしています。**これからの会社や組織の課題は、いかにこの65パーセントの余白や遊びを確保し、その時間に生まれている価値を評価していくか**なのです。

フロー状態に入る5つのステップを支援する組織

第2～6章までで解説してきたフロー状態に入るための5つのステップそれぞれについて、組織が個人をバックアップできることがあります。

まずは、最初のステップである意図を見てみましょう。

意図

作業の前に、つよい意図をもって仕事をするためには、**組織としてメンバー同士が互いの仕事の意図を問い合う習慣をもつことが有効**です。ステップ①（P76）でも紹介した問いは、自問自答するよりも人に聞いてもらったほうが答えにたどり着きやすいかもしれません。人に興味をもってもらうことで、一生懸命に答えを考えようとするからです。

「あなたはこの案件を通じて何を得たいですか？」
「どうしてそれを得ることが大事なのですか？」（3回問う）
「それを得ることを、これから行う作業はどんな風に支援してくれますか？」
「それを得ることを、私はどんな風に支援ができますか？」

つよい意図を明確にするには、その時々の感情を認知することが大切ということもお話ししました。「会社は感情を話す場ではない」と決めてしまわず、むしろ積極的にお互いの感情に気がつきあう関係性がフロー状態を促します。

「今日ちょっと暗い顔してない？」
「なんかこの案件はすごい楽しそうにやってるね！　どうして？」
「今どんな気持ち？」
「そう感じていることに気がついてみて、今どんな気持ち？」

と、こんな風にお互いの感情をメンバー同士が認知することを手助けします。普段から気にしてもらう、自分も他人を気にすることで、いざ大切な会議のときや作業を始めるときに、むやみに感情に注意を引っ張られることがなくなるのです。

リラックス

お互いに興味をもって感情や意図を問い合う習慣ができてくると、メンバーの間に心理的な安全性が生まれます。仕事に影響をきたしてしまいそうな出来事や感情が生じても、みんなに正直に伝えることができる、聞いてもらえるという心理的安全性が、メンバー一人ひとりの緊張を取り除きます。

また、心理的安全性をつくるのは人同士の関係性だけでなく、働く場所、時間の自由が与えられていることも重要です。「自分のプライベートであれば好きにやれるのに、会社に来ればさまざまな制限がある……」こうした心の障壁を少しでもなくそうと、仕事とプライベートのシームレスな環境設計に取り組む組織が最近では増えています。

「健康経営」というコンセプトもよく耳にするようになりました。例えば、ずっと同じ席に座って仕事をし続けることが、心身に望ましくない負担を与え、仕事の生産性低下に繋がってしまうという因果関係が明らかになってきたからです。ときどき体を動かしたり、瞑想や仮眠をとったりできる部屋を設置すること、植物を置くこと、オフィス内の酸素濃度を調整することなど、生態学的にも心身が一番リラックスしていられる組織環境が望ましいです。

組織そのものがリラックスしていられる環境であれば、個人で取り組む2つ目のステップのハードルもうんと下がります。**厳しいルールや制限を与えることによって社員の労働力を引き出そうとするのではなく、社員のリラックスのために惜しみない投資をする会社が、結果として社員から最高の成果を引き出すことができる**のです。

手順

ステップの3つ目、手順をイメージしてから作業を始めることを組織が助けるためには、メンバー同士が仕事の依頼をし合う際に「必ず仕事の全体像を伝える」ことが理想的です。

個人が与えられた仕事をやりこなすための手順を考えるためには、そもそもこの仕事がどのように次のステップに繋がっていくのかという、より大きな全体像の中での手順が明確になっている必要があります。

これには、ＦａｃｅｂｏｏｋのＣＯＯシェリル・サンドバーグが「シリコンバレーから生まれた最高の文書」と賞賛したことで注目を浴びたＮｅｔｆｌｉｘ社の取り組みが参考になります。

個々に最大限の自由を与えるとともに、厳しい成果基準を併せ持つ「自由と責任の文化」が、同社の急成長にいかに繋がったのか。元Ｎｅｔｆｌｉｘ最高人事責任者であるパティ・マッコードの人事戦略の要は、**経営陣やマネジャーから現場の全社員に対する「徹底したＮｅｔｆｌｉｘのビジネスモデルの浸透」**でした。マッコードが中心となり、全マネジャーが誰にでもわかりやすく、やさしい言葉でビジネスモデルを説明できるよう訓練することで、会社の成長戦略の全体像を全員が理解して仕事ができるようにしました。自分の仕事がビジネス全体の流れの中でどの部分を担っているのかを自覚すれば、規律や制限がなくても、会社の利益に繋がる最も効率的な作業の設計を個々人ができるのです。

大組織で仕事が細分化されていると、「一体この仕事は何に繋がっているのだろう?」と、全体像が見えずに、与えられた仕事に対して疑問や迷いだらけの状態になってしまうことがあります。これでは、手順をクリアにイメージして取り組むことのハードルがとても高まります。

部下の意識が分散せず、目の前の作業に集中できるようにするためには、与える仕事の全体像を伝え、部下自身がその仕事を完成させるまでの手順を明確にイメージして始められるようサポートしてください。自身のこれまでの経験を生かして、どのような手順でやることが最も効率が良いか、手順設計の助言をしてあげると、さらに心強いでしょう。

仕事の全体像や流れがいつもオープンに共有されるための最大限の工夫を、組織として心がけてみてください。

フィードバック

フィードバックほど、組織のバックアップが有効な場面はありません。作業がうまくいっているかどうかを知るための3つの指標

①他者からのフィードバック
②作業自体からのフィードバック
③個人的な基準からのフィードバック

について、③個人的な基準からのフィードバック以外の2つは組織の方からも提示をしてあげることができます。

①他者からのフィードバック

他者からのフィードバックにおいて、大切なのはタイムリーさと具体性です。

多くの会社にとっての人事評価のモデルを築いてきたGE（ゼネラル・エレクトリッ

ク）が評価廃止の宣言をしてから、最近では多くの企業で評価の仕組みが変わってきています。従来は、社員に対する評価は「年に1回」という企業がほとんどでした。

しかし、1年に1回のフィードバックを伝えられても、ほとんどの作業において改善の時機をすでに逃しています。また、数カ月以上前の記憶を細かに辿るには限界があり、抽象的なフィードバックに留まってしまいます。こうした「いい・悪いの評価をすぐに知れない」仕組みでは、ノンフロー状態をつくりだしてしまいます。

そこで、**最近では年に1回という考えをやめ、四半期に1回、1カ月に1回、1週間に1回とそのスパンを短くしフィードバックをすぐに伝える制度が増えています。**

Ｇｏｏｇｌｅや、日本ではヤフーが先んじて導入した「1on1（ワンオンワン）」というミーティングに注目が集まっています。

1on1とは、上司が部下に対し、一方的に目標管理や進捗確認をする従来型のミーティングではなく、部下から上司へ仕事上の悩みや課題、疑問点を共有しフィードバックを得ることを目的としたミーティングです。頻度も週に1回から月に1回など、短い期間で頻繁に行われるのが特徴です。

ＧＥでは、さらにリアルタイムのフィードバックが行われるよう、独自の社内ＳＮＳを利用しています。直接言いづらい目上の相手にでも、スマホでより手軽にリアルタイムでフィードバックを送り合えるのです。「フィードバック」というと、日本語では「悪いことを言われるんじゃないか」と思ってしまう傾向がありますが、いいことも悪いことも面白いことも面白くないこともすべて率直に伝えることが目的です。これを社員にわかってもらえるよう、ＧＥではあえてフィードバックとは言わず「インサイト」という言葉を使っているそうです。

大切なのは、たくさんのフィードバックを早いサイクルで回すこと、そのためには、このように言葉を変えてフィードバックの回収力を高めるのも有効な手段です。

②作業自体からのフィードバック

作業自体からのフィードバックについても、第6章で紹介した小橋工業の電子掲示板のように、作業の成果に影響を与える数値をタイムリーにフィードバックをする仕組みをつくることができます。

フロー提唱者のミハイ・チクセントミハイが行った研究プロジェクトの一環で、ベルリンの交差点に「フローメーター」を設置するという実験がありました。フローメーターにはセンシング機能がついたカメラがついており、交差点を渡る人たちの笑顔の度合いを測定します。フローメーターのてっぺんには大きな顔がついており、交差点にいる人たちの笑顔の度合いが高ければ高いほど、その顔がニコちゃんマークへ変わっていき、低ければ低いほど普通の顔に戻っていくというフィードバックの仕掛けがされていました。このフローメーター設置による笑顔度のタイムリーなフィードバックによって、交差点の人の笑顔度が格段に上がったのでした。

人はたいてい幸せでありたい・楽しくいたいという意図がある中で、その意図を達成している1つの指標として「笑顔」を取り上げ、交差点を歩く人に積極的にフィードバックをしたのです。「あなたたち笑ってますね」「おやおや、あまり笑っていませんね」といったように。それも、言葉を使わずに。こうした、言葉を介さないタイムリーなフィードバックが仕組み化されていると「あっ、そうか！　笑おう！」と、自分の意図に近づくためのヒントを瞬時に行動に取り入れることができるのです。

みなさんの会社や組織において、どんなものがこのフローメーターの役割を果たせるでしょう?

目指している意図に対し、何が指標になるかということを考え、リアルタイムでフィードバックする仕組みをぜひ構築してみてください。

混乱

思考と感情と身体、3つの混乱の仕掛け方を紹介しました。現在のパターンを認識し、新しいパターンに変えるための刺激を加えるための方法です。これまでのパターンと新しいパターンとの摩擦の中で、フロー状態が加速するというメカニズムでした。組織は、この混乱のメカニズムをどう支援ができるでしょう?

私がCCOを務めるプロノイアグループでは、最も大切なカルチャーの1つとして「Offer Unexpected(予期せぬことを提供する)」を掲げています。

予期せぬこと、つまり、相手に意図的に混乱をもたらすということです。そこで、弊社の社内外のミーティングにおいて日々試行錯誤している、チャーミングで、ちょっとおかしな、混乱の仕掛け方を紹介します。現在のその人やその組織にある論理思考のパターンを打ち切るための工夫の数々です。他者のフロー状態を加速させるための混乱の支援方法として、参考にしていただければ幸いです。

①思考への混乱

- 相手が考えたことのない質問を投げかける
- 話題をいきなり変える、そらす
- 真剣なときこそ突拍子もない冗談を言う
- 話のスケールを変える（会社の話→社会の話へ、未来の抽象概念の話→そのとき話している相手自身の話へ、社内課題の話→芸術の話へ）

会議を進める中で、相手の思考にどんな特徴があるかを掴みます。何かうまくいっていないことや懸念点をいかに払拭していくかということに対する意見や発言が多いなと感じたら、「あなたは何が欲しいですか？」「例えば来年、会社はどうなっていたいですか？」と、思考パターンを切り替えるような質問を投げかけてみるのです。

質問だけでなくても、本題からあえて話題をそらして相手のオフィスの壁の色やデザインにコメントをしてみたり、相手の話し方や人柄について気づいたいいところや面白いところなどをちょっとチャーミングに突っ込んでみたりします。会社の中の細かい話が続いたときは、あえてよりスケールが大きく、客観的に話せる業界の話や政治の話をしても思考にいい刺激を与えることができます。

②感情への混乱

- **新たな感情を引き出すような挑発をする**
- **今の雰囲気と少し違った音楽をかける**
- **話し合いの場所を移動する（都内から田舎への大移動も）**
- **相手が隠している感情を見つけ共感する**

思考とともに、相手の感情のパターンへの洞察もとても大切です。本人ではなく客観的な立場だからこそ、パターンに気づきやすいということもあるのです。終始前向きな気持ちで会議が進んでいるときにも、注意深く観察していると、その前向きさの裏には「前向きでいなくてはいけない」というような暗黙のルールがあることも。本当は「悲しい」「怖い」「嫌だ」というような気持ちが誰かの中に隠れているかもしれません。そういうときは、ちょっと場の空気を断ち切って「この決断ってちょっと怖いですよね」と、相手より先にその感情に共感してあげることもできます。感情が切り替わるその摩擦を、こうして相手のために起こしてあげることができるのです。

③身体への混乱

- 会議中に姿勢を変える
- 身体を動かすゲームをする
- 言葉を使わずに意見を身体で表現する
- カツラをかぶる
- 瞑想をする

「便秘の顔じゃいい成果は絶対に出ない」という合言葉を、社内でよく使います。便秘の顔というのは、身体が一定のパターンで凝り固まっている状態です。そのパターンに刺激を加えるために、普段は動かさないようなちょっとヘンテコな動きを取り入れた簡単なゲームをします。

また、話し合っている内容に対して身体の五感があまり反応していないなと感じたときには、「今言いたいことを身体で表現すると?・」と無茶振りをします。身体のパターンを少し混乱させることが、シータ波を生む刺激処理の活性化に繋がり、閃きを生み出すのです。

126ビットの世界

私たちの人生の一瞬一瞬は、たった126ビットの世界の中でつくられています。たった2人の話も同時に処理することのできない、小さな小さな世界です。

「この小さな世界の中に、何を入れてあげるのか?」

これが、フロー状態の達人たちが日々丁寧に向き合っている問いです。

残念なことに、実に多くの人が、この小さな世界に入る内容を自分の意思によって決められていません。なぜなら、社会はいつも「苦痛」と「快楽」という2つの引力によって私たちの注意を無造作に引こうとするからです。「こうしないと苦しいですよ」「こうしたら楽しいですよ」という引力のことです。買うつもりのなかったもの、見るつもりのなかったテレビ、開くつもりのなかったメール、考えるつもりのなかった事柄……すべて、２つのどちらかの引力によるものです。

しかし、どんな苦痛と快楽の引力があろうとも、この126ビットの世界の内容を自分で決められる方法があるのです。それが、自らの意図の力で注意を一点に定める魔法の集中術です。

いかがでしょう、第1章の終わりに3分間の準備をしていただいたあなたの「注意」は、ここまでたどり着くのにどのような旅をしましたか？

最後まで注意がぶれなかった方、途中であらゆることに注意が向いてはまた戻って来てくださった方もいるかもしれません。どのような準備をすると、どのように自分の注意の注がれ方やその安定性が変わるのか？　それが少しでもわかれば、次に狙った際にフロー状態に入れる確率がぐんと上がります。

弊社には、「今日はこんな準備をしたらフロー状態でできた!」「今日はあまり準備ができなくて全然ダメだった」そんなことを互いにシェアしながら実験を続けているメンバーもいます。ほんの数回繰り返すだけで、あなたに合った5つのステップの実践方法が見えてくるはずです。ぜひ、楽しんで取り組んでみてください。

おわりに

本書をお読みくださったみなさんへ、最後のお手紙を、私が今いる南アフリカのヨハネスブルグよりお届けしたいと思います。

中心地にあるバーの壊れた窓から見える街。何度訪れても、この国で街を眺めれば私の注意を奪うのはいつも、道ゆく人たちの「目」です。目と目が合えば、ドキッとするような強い眼光が私の体を射抜きます。とても鋭く、とても美しいこの注意のエネルギーが反射し合う街の影で、今日も銃声が鳴り響きます。

世界で一番キラキラした眼光が、その注意が、毎瞬ごとに捉えている「126ビットの世界」に何が映っているのか？　その小さな世界の内容を決めているのは、いったい誰なのか？　国や世界、あるいは私は、そこにどう関与しているのか？　どう、関与できるのか？

世界でもっとも美しいエネルギーの、もっとも美しい使われ方とはいったいなんだろう？

この問いは、私自身の126ビットの世界の中心にいつもある問いです。そしてそれは、南アフリカの人たちだけに向けられたものではありません。本書をこの問いの1つの答えにしようと決めたきっかけには、私の大切な3人の友人の悩みがありました。

1人目は、教育関連の会社で働きながら、仕事の合間を縫って海外の大学院への入学準備を進めている友人です。

彼は学生時代に途上国の教育支援をするためのプロジェクトを立ち上げ、貧困地域の子どもが教育を受けられる機会をつくってきました。「学生時代の活動を通じて学んだことを体系化し、真の教育支援のあり方を研究したい」というつよい意図をもって、大学院への入学のために勉強に励んでいます。

日々の仕事の忙しさもさることながら、一児の父でもある彼は、子育てにもたくさんの注意を向けなくてはなりません。そのような状況で、大学院入学への情熱を保ち、努力を続けることは簡単なことではありません。

2人目は、大手コンサルティング会社に勤め、朝から夜中まで、土日も休まずに働く友人です。

「自分の実力を最大限のスピードで磨きたい」と強く願う彼は、プライベートや寝る間も惜しんでとことん働くことを決意しました。長時間働いていると、その間の集中力を維持する難易度も高まります。「自分の実力以上の力を出し切れるときと、どうがんばっても気が散ってしまい、仕事が進まないときがある」と悔しそうに話してくれました。

最後の1人は、航空会社で働く友人です。彼女は女性にはまだ珍しいパイロットを目指しています。

彼女はさまざまな事情から、同僚との人間関係に悩んでいました。とても明るく、友人想いで、芯のある彼女が落ち込んでいる様子を見ていて、私自身苦しく感じることもありました。しかし、「それでも今の会社でがんばってパイロットになりたい」

というつよい意図をもち続ける彼女を見て、彼女のような状況におかれた人たちにとっても、フロー状態に入る技術は役に立つべきだと考えました。

● 仕事や家庭のことで慌ただしく過ぎていく日々の中で、叶えたい夢がある
● 意欲を持っていても、なかなか仕事に身が入らないときがある
● 人間関係がうまくいかない中でも、成し遂げたい目標がある

これらは私の3人の友人が抱えている悩みですが、本書を手に取ってくださったあなたも近い悩みを抱いたことがあるのではないでしょうか。

この3人と似たような状況にある方々にこそ、本書の「魔法の集中術」を活用いただきたいという気持ちで執筆をさせていただきました。

一瞬一瞬を幸せに過ごす方法

これまでの科学的な研究を通じても、フロー状態に入れば3倍のパフォーマンスを実現できることが実証されています。

しかしそれ以上に大切なことは、パフォーマンスを発揮する過程で、深い幸せを感じることだと私は思っています。フロー状態に入ることのできるこの「魔法の集中術」は、自分の願いを叶えようとする過程を夢中で楽しむ技術であり、一瞬一瞬を幸せに過ごす技術なのです。

従来の集中術というと、「眉間にしわを寄せて、椅子にお尻を縛り付けてでもがんばる」そんなイメージがあったかもしれません。

しかし、大切なのは、結果として3倍の成果を得るその瞬間だけではなくて、そこに取り組む過程の楽しさや嬉しさだと私は思います。

「変革」に求められて「改善」に求められないもの

私が勤めるプロノイアグループでは、第7章で紹介した「Offer Unexpected（予期せぬことを提供する）」に加え、「Play Work（遊ぶように働く）」「Implement First（前例をつくる）」という3つの文化を全ての事業やパフォーマンスの根幹に据えています。

こうした多くの企業では耳慣れないキーワードを掲げているのも、プロノイアグループが、会社のビジョンミッションの変革、事業の変革、カルチャーの変革、制度の変革、働く人のマインドセットと行動パターンの変革など、さまざまなパートナー企業の「変革」に携わっているからです。

私たちが携わっている「変革」は、多くの企業で求められている「改善」とは似て非なるものです。

変革に求められて、改善に求められないもの、それは「閃き」です。

私たちが相談をいただくパートナー企業の状況は実に多種多様ですが、「変革を志しているのに改善行動から抜けられない」という「イノベーションのジレンマ」状態にあることが共通していました。「改善」に必要な問題の原因究明や他社事例の勉強はたしかに有効な作業の1つです。しかし、事例の研究の中には〝絶対に答えがない〟ものです。「変革」に必要なのは「閃き」を生む最適なプロセスに導くことなのです。

そのときに頼れるのは、社会に対して抱くつよい意図に100パーセント集中したときに生まれる閃きです。だからこそ、本書で紹介したフロー状態に入る技術を手にとってくださった方には、個人としての実践の先に、ぜひ企業としての実践も試みていただけたら幸いです。

自分だけのフロー状態への入り口を見つける

本書で紹介した5つのステップは、繰り返しそれぞれにおいて「自分に合ったやり方がある」ということを強調してきました。それを見つけるための方法やヒントをお伝えしてきたつもりです。だからこそ、本書を手に取った方には、ぜひ、自分が一番楽しめる、ちょっと笑っちゃうような5つのステップの実践方法を作り出してほしいと願っています。そして、みなさんならではのオリジナルの方法を互いに共有しながら参考にできるよう、オンラインでのコミュニティを作ってみました。

本書を読んで実践する中で、自分らしいフロー状態への入り方を見つけた方は、「#魔法の集中術」をつけて、ツイッターでぜひ呟いてください。あなたが考え出した斬新な方法、面白い方法をぜひ広くシェアしていただけたら、きっと誰かがまた自分に合った方法を見つけるヒントになるはずです。

最後になりますが、本書は編集の尾澤佑紀さんの多大なご協力なしには生まれませんでした。また、ピョートル・フェリクス・グチバチさん、前野隆司先生、青木千恵さん、井上一鷹さん、榎吉郁夫さん、折田智美さん、岸本有之さん、北島昇さん、北村勇気さん、熊倉由美さん、殿岡弘江さん、長谷川誠さん、畠中幸治さん、針谷和昌さん、平原依文さん、藤本克俊さん、星野珠枝さん、丸山咲さん、森田樹さん、横川真依子さんにも、この場を借りて感謝申し上げます。

世羅侑未

【参考文献（順不同）】

『フロー体験 喜びの現象学』
M・チクセントミハイ著、今村浩明翻訳（世界思想社）
『フロー体験入門 楽しみと創造の心理学』
M・チクセントミハイ著、大森弘翻訳（世界思想社）
『超人の秘密 エクストリームスポーツとフロー体験』
スティーヴン・コトラー著、熊谷玲美翻訳（早川書房）
『仕事はうかつに始めるな 働く人のための集中力マネジメント講座』
石川善樹著（プレジデント社）
『ZONE シリコンバレー流 科学的に自分を変える方法』
スティーヴン・コトラー、ジェイミー・ウィール著、野津智子翻訳（大和書房）

◆著者紹介◆

世羅侑未（せら・ゆみ）

プロノイア・グループ株式会社 CCO（Chief Culture Officer）・コンサルタント
慶應義塾大学大学院システムデザイン・マネジメント研究科（SDM）研究員
Global Leadership Associate 認定コーチ

プロノイア・グループ株式会社にて、企業の文化変革 / 組織開発コンサルティングに従事。慶應義塾大学大学院システムデザイン・マネジメント研究科（SDM）研究員として個人の創造力、直観力やパフォーマンスが最大化される「フロー状態」の研究を進める。人と組織の変容を体系化した成人発達理論を実践する Global Leadership Associates（US）のアソシエイトとしても籍を置きながら、アカデミアとビジネスの間・東西の知恵の間での社会貢献を志す。成人発達理論の和訳において『行動探求』（英治出版）に携わる。共著に、直感の練習方法を紹介した『The SAGE Handbook of Action Research』（SAGE Publications, USA）がある。

3倍のパフォーマンスを実現するフロー状態
魔法の集中術

2019年3月22日　初版発行

著　者　世羅侑未
発行者　野村直克
発行所　総合法令出版株式会社
〒103-0001 東京都中央区日本橋小伝馬町15-18
ユニゾ小伝馬町ビル9階
電話　03-5623-5121
印刷・製本　中央精版印刷株式会社

落丁・乱丁本はお取替えいたします。

ISBN 978-4-86280-667-3
総合法令出版ホームページ　http://www.horei.com/